乡村旅游与农村经济增长研究

丁 杨 著

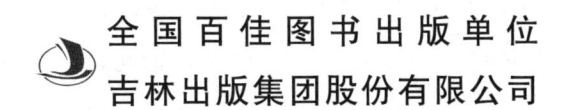

全国百佳图书出版单位
吉林出版集团股份有限公司

图书在版编目(CIP)数据

乡村旅游与农村经济增长研究 / 丁杨著. -- 长春：吉林出版集团股份有限公司，2023.8
ISBN 978-7-5731-4182-8

Ⅰ.①乡… Ⅱ.①丁… Ⅲ.①乡村旅游－旅游业发展－研究－中国 Ⅳ.①F592.3

中国国家版本馆 CIP 数据核字(2023)第 162749 号

XIANGCUN LUYOU YU NONGCUN JINGJI ZENGZHANG YANJIU
乡村旅游与农村经济增长研究

著：丁　杨
责任编辑：许　宁
技术编辑：王会莲
封面设计：豫燕川
开　本：787mm×1092mm　1/16
字　数：166 千字
印　张：12.75
版　次：2024 年 1 月第 1 版
印　次：2024 年 1 月第 1 次印刷

出　版：吉林出版集团股份有限公司
发　行：吉林出版集团外语教育有限公司
地　址：长春福祉大路 5788 号龙腾国际大厦 B 座 7 层
电　话：总编办：0431－81629929
印　刷：吉林省创美堂印刷有限公司

ISBN 978-7-5731-4182-8　　　　　　定　价：76.00 元
版权所有　侵权必究　　　　　　举报电话：0431－81629929

前言

乡村发展内容广泛、涉及面广、复杂性高，大部分乡村需要从农业产业本身突破，通过农业现代化实现振兴，有些地方则可能通过其他途径来实现振兴。在不断的探索与实践中，乡村旅游这样一条能够发挥乡村综合效益、创造美好生活的重要途径进入人们的视线。近年来，随着经济的持续发展，人们的生活水平不断提高，也越来越追求观光休闲、农耕体验等休闲活动。

随着经济发展方式的转变、经济结构的调整，以工业带动农业、以城市带动农村，已经成为中国经济实现可持续发展的关键所在。当前，统筹城乡发展，稳步推进城镇化和新农村建设，大力发展农村经济，是关系到党和国家事业发展的大事，对于我国全面建成小康社会具有重要意义。因此，无论是中共中央还是地方政府，都对加大对农村地区的扶持力度和资金投入力度，促进农村更好、更快的发展达成了共识。

乡村旅游是我国旅游发展过程中出现的新兴类型，为促进城市和乡村之间统筹协调，为推动区域生态环境的改善和农村经济增长做出了应有的贡献。本书属于乡村旅游与农村经济增长方面的著作，本书在广泛的研究成果基础上，从乡村旅游概念、乡村旅游基础设施建设、乡村旅游营销发展、乡村旅游发展路径创新、乡村旅游与农村经济发展的关系、乡村旅游与农村现代化产业经济的创新发展、农村经济结构升级路径等方面较全面地构建了乡村旅游的理论体系及农村经济的发展，理论联系实际，引导乡村旅游走上健康和可持续发展的道路。对从事旅游专业的研究学者与农业经济发展的工作者有学习和参考的价值。

　　本书在撰写过程中，参考和借鉴了有关书籍，吸收了同行专家的研究成果，在此，一并向他们表示衷心的感谢。由于作者水平有限，不足之处在所难免，希望同行专家和广大读者批评指正。

目录

第一章　乡村旅游概述 ·· 1
第一节　乡村旅游的概念及特点分析 ······················ 1
第二节　乡村旅游的发展趋势预测 ························· 7

第二章　乡村旅游基础设施建设 ···························· 13
第一节　公共基础设施建设 ································ 13
第二节　乡村旅游土地利用 ································ 19
第三节　乡村接待服务设施建设 ·························· 22
第四节　乡村信息服务设施建设 ·························· 27

第三章　乡村旅游营销发展 ·································· 33
第一节　旅游营销的概述 ··································· 33
第二节　现行乡村旅游营销方式 ·························· 45

第四章　乡村旅游发展路径创新 ···························· 57
第一节　乡村旅游与乡土文化融合 ······················· 57
第二节　乡村旅游与产业融合 ····························· 65
第三节　乡村旅游与生态建设 ····························· 75
第四节　乡村旅游发展中的新业态 ······················· 81

第五章　乡村旅游与农村经济发展的关系 ……………………… 83
第一节　乡村旅游中乡村生态旅游的重要作用 …………… 83
第二节　乡村生态化旅游与农村经济发展 ………………… 88
第三节　乡村生态化旅游对农村经济贡献率的对策与保障措施 … 103

第六章　乡村旅游与农业现代化产业经济创新发展 ……………… 111
第一节　现代种业发展趋势与前沿技术 …………………… 111
第二节　食品产业发展趋势与前沿技术 …………………… 114
第三节　绿色农业发展趋势与前沿技术 …………………… 122
第四节　智能农机装备产业发展趋势与前沿技术 ………… 131
第五节　农业科技创新举措 ………………………………… 139
第六节　乡村旅游与农业现代化融合发展 ………………… 147

第七章　农村经济结构升级路径 …………………………………… 151
第一节　大力推进农业产业结构转型升级 ………………… 151
第二节　促进消费主导型经济结构的形成 ………………… 155
第三节　推动区域城乡经济结构协调发展 ………………… 158
第四节　加快推进农村三大产业的融合发展 ……………… 162
第五节　完善农村经济发展的金融支持体系 ……………… 167

参考文献 …………………………………………………………… 197

第一章 乡村旅游概述

第一节 乡村旅游的概念及特点分析

旅游活动的广泛关联性决定了旅游业具有较强的综合性,一方面,旅游业的发展有利于促进和带动相关支持性行业的发展;另一方面,相关支持性和关联性产业的发展也更加有利于促进旅游产业链的横向与纵向延伸发展。乡村旅游产业是三大产业的良好结合,乡村旅游的发展有助于将现代旅游业向传统农业延伸,打破传统种养殖业的思维定式,也有助于开拓乡村农业增收、实现产业优化。乡村旅游的发展不仅能带动食、住、行、游、购、娱传统旅游业六大要素的发展,还会带动农村交通、电商、金融、通信、地产、人力资源等行业的发展,形成联动效应,实现农业产业链和旅游产业链的有机整合,优化农村产业结构调整,实现第一、二、三产业发展的相互促进,从而实现加速振兴农村经济的进程,带动农村经济振兴。

一、乡村旅游的概念

国外乡村旅游起步较早,一些专家学者对乡村旅游的定义有着深入的研究。

国际专家学者对乡村旅游的定义有:①乡村旅游就是农户为旅游者提供食宿等条件,使其在农场、牧场等典型的乡村环境中从事各种休闲活动的一种旅游形式。②乡村旅游指发生在乡村的旅游活动,并进一步认为乡村特点是乡村旅游整体经营销售的核心和独特卖点,是基于乡村地区,具有乡村特点、经营规模小、空间开阔和可持续发展的旅游形式。③乡村旅游就是位于农村区域的旅游,具有农村区域的特征。④乡村旅游不仅是基于农业的旅游活动,还包括特殊兴趣的自然旅游、教育性的旅游、文化与传统旅游,以及一些区域的民俗旅游活动。⑤乡村旅游的发生地与土地密切相关,是指在非城市地域的旅游活动。

各个国家的国情不同,学者们对乡村旅游概念的界定也不完全一致,但基本上都认同乡村区别于城市的、根植于乡村世界的乡村性是吸引旅游者进行乡村旅游的基础。

国内有众多的学者对乡村旅游的概念进行了诠释,其界定有很多表述方式,不同的表述侧重点也有所不同。综合来看,国内乡村旅游的概念界定是通过尽可能归纳和概括乡村旅游的共同特征来实现的,依据乡村旅游活动体系,主要从三方面的特点来反映乡村旅游本质,即乡村旅游发生的地域特点、乡村旅游依托的资源特点和乡村旅游提供的活动特点。我国乡村人口众多、乡村地域广阔、乡村资源多样、乡村民俗丰富,要一一列举必然不全面,因而采用综合概括方法是科学的。

从国内外乡村旅游概念的演化和比较来看,乡村旅游是有广义和狭义之分的。从狭义的角度上,并非所有发生在乡村地区的旅游形式均为乡村旅游,旅游必须紧密地与乡村资源环境、乡村社区环境和生产生活环境相融合,才能称为"乡村旅游"。随着时代的发展,乡村旅游概念的范畴在不断扩展,人们到乡村旅游已经不局限于与乡村性有关的活动,更多的是在乡村环境中的各种非城市的旅游体验,因此广义的乡村旅游概念更契合时代的发展和需求。

所以,把握乡村旅游的概念与内涵,应充分认识到以下属性。第一,空间属性——旅游活动是否位于乡村地区。第二,资源属性——旅游活动的开展(旅游产品开发)是否依托乡村物质和非物质资源。第三,产品属性——从旅游活动内容上看,如果是根植于本地资源、与乡村文化密切相关的乡村活动,我们称之为狭义的乡村旅游;如果是旅游者参与的任何旅游活动,则称之为广义的乡村旅游。

基于上述对于乡村地域的认识,遵循乡村旅游概念的逻辑脉络,我们对乡村旅游做出如下定义：从广义上讲，乡村旅游是发生在乡村地区，依托乡村资源开发观光、休闲、度假等旅游体验活动的一种旅游方式。从狭义上讲，乡村旅游是发生在乡村地区，以自然资源、田园风光、乡村文化以及具有乡村性的农事生活和建筑景观为主要吸引物，以观光、休闲、度假、养生及各种乡村生活体验为目的的一种旅游方式。简言之，狭义的乡村旅游特指发生在乡村地区，以具有乡村性的自然和人文客体为吸引物的旅游方式。

以下各部分内容，除特别说明外，所言及乡村旅游的内涵均取其宽泛含义，即广义定义。

二、乡村旅游的特点

乡村旅游作为一种新型旅游形式，从它最初发展至今，就表现出很多独特性，如资源特色、产品特点、市场特征等各个方面。这些独有的特点使得乡村旅游成为全球发展最快、最受欢迎的旅游活动形式。

（一）乡村性与融合性

乡村旅游的主要消费者是都市居民。由于工作紧张、生活节奏快以及工业文明带来的环境问题日益严重，触发了都市居民回归自然、返璞归真的愿望。在乡村，无论是旅游吸引物还是旅游环境载体，都正好适应和满足了都市居民的这种愿望需求，因而传统的乡村生活和环境就成为最可贵、最具吸引力的旅游资源之一。乡村旅游者融入乡村环境和社区生活中，从而体验到乡村生产、生活、生态的乐趣，满足了其回归自然、返璞归真的愿望。在城市化进程中，城市建设极大地改变了自然环境、生态风貌以及传统人文资源，而乡村则保留了更多原始状态的自然环境和生态风貌，以及工业化、城市化社会以前的传统人文资源。基于乡村旅游者的回归自然、返璞归真的愿望，他们需要的旅游产品应该是原始的、真正乡村的，而不是伪造的、展览馆式的。乡村旅游提供的必须是原汁原味的农村风貌、淳朴自然的田园生活，以及新鲜可口的蔬菜瓜果。

如果说"乡村性"是乡村旅游的吸引力本质,那么"融合"就应该是乡村旅游的发展本质。乡村旅游的发展本身要求旅游和乡村建设高度融合,既要考虑以城市居民为主的游客对乡村性的审美需求,同时也要考虑乡村居民对乡村建设的现代化期望,特别是交通的便利性和基础设施的现代化、舒适化。开展乡村旅游的乡村,往往是具有一定特色的传统村落,拥有物质形态和非物质形态文化遗产,具有较高的历史、文化、科学、艺术、社会、经济价值。从旅游需求角度来看,旅游的本质是求新求异,乡村性作为乡村旅游的核心吸引力,对于城市居民而言具有一种完全不同于城市性的异质性,乡村旅游就是城市居民对乡村性的向往和审美消费的过程。

(二)参与性与体验性

乡村旅游是现代旅游业向传统农业延伸的一种新型尝试,它将旅游项目由陈列式上升到参与式,并使旅游者在热汗淋漓的农耕农忙中体会到劳动所带来的全新生活体验。游客到达目的地后,除了欣赏农村优美的田园自然风光外,还可以亲自参与到一系列的活动中。例如,采摘活动项目,可以让游客获得农事活动体验,品尝自己采摘的果实或亲手制作的食品。采摘作为近年迅速兴起的新型休闲业态,以参与性、趣味性、娱乐性强而受到消费者的青睐,已成为现代乡村旅游和休闲农业旅游的一大特色。现在全国到处兴起茶园、花园、果园、林园等,包括湖北武汉的草莓园、浙江省台州玉环漩门湾观光农业园、浙江省新昌七盘仙谷等。采摘不仅类型丰富多样,还可以深度挖掘,进行细分,针对各类人群打造不同的采摘环境。通过这些活动,游客们能更好地融入乡村旅游的过程中,对农家的生活状态、乡土民情有更加深入的了解,而不是作为旁观者纯粹欣赏风景而已。

游客对乡村旅游的喜爱很大程度上是因为它具有体验性特征。乡村旅游不是单一的观光游览项目,而是包含观光、娱乐、康疗、民俗、科考、访祖等在内的多功能复合型旅游活动。乡村旅游的参与者多数是城市人群,他们要么对乡村生活完全陌生,因而感到好奇和向往;要么曾经熟悉乡村生活,而现在已经远离大自然和农村,试图借此重新获得对乡村生活的体验和回忆。在这样的背景下,游客自然会格外看重乡村旅游的体验性,来获得全新的或曾经熟悉的生活体验。

(三)休闲性与差异性

随着人们生活水平的提高和社会发展节奏的加快,特别是工业化和城市化的高度发展,人们越来越向往具有浓郁田园气息的乡村环境,希望到乡土风味浓厚的乡村进行身心放松,乡村休闲旅游成为人们回归自然、放松身心、感受自然野趣、体验乡村生活、进行休闲娱乐的主要休闲方式之一。乡村地域辽阔,自然景观多样,且绝大多数地方保持着原有的自然风貌,加上各地风格各异的风土人情、乡风民俗,使乡村旅游在活动对象上具有鲜明的特点。乡村和农业已由单一的农民自居和农业生产功能,转为集农业生产、观光休闲、农耕体验和教育娱乐等多元功能于一体。例如,拥有"中国竹乡"美称的浙江省湖州市安吉县,精心培育竹产业,延伸产业链,利用竹林景观、竹林生态、竹文化发展竹乡休闲旅游业,已成为浙江省乡村旅游的标兵。类似的还有北京市大兴区庞各庄镇(西瓜文化)、福建省宁德市三都镇(海上渔城)、杭州梅家坞(茶文化)等。

乡村旅游的差异性着重体现在地域和季节两个方面。在地域方面,由于气候条件、自然资源、习俗传统等的不同,不同地方的乡村旅游的活动内容体现出很大的差异性。我国地域宽广,境内地貌特征复杂,气候差异大,以秦岭—淮河为线,被分为南北两部分。南方气候温暖湿润,北方寒冷干燥;南方适合水稻等水田作物的生长,北方适宜小麦等旱地作物的生长;南方地区山区较多,北方地区平原较广等。不同的地理环境和气候特征,孕育了不同的文化,南方和北方在文化上有着较大的差异,包括语言、饮食、生活习惯、生产方式、民间习俗、民居建筑等各个方面。除了南北差异以外,同一地域内不同地区之间的差异也比较大,许多地方都有"百里不同俗、十里不同音"的情况。在季节方面,由于农业活动在很大程度上依赖于季节,因此,随着季节的转变,各地乡村旅游的内容也体现出明显的季节性。乡村旅游资源大多以自然风貌、劳作形态、农家生活和传统习俗为主，农业生产各阶段受水、土、光、热等自然条件的影响和制约较大，因此乡村旅游尤其是那些观光农业在时间上具有可变性特点。乡村农业生产活动有春、夏、秋、冬四季之分。夏、秋季节，农业旅游火爆；冬、春季节，农业旅游冷清。乡村旅游具有很强的季节性，乡村旅游的农耕活动需要依据气候的不同进行改变，使游客在不同季节到访乡村旅游景点，也能够有不一样的体验。

（四）怀旧性与低成本性

怀旧表现为一种对过往时间和生活的缺失感和忧虑感，与之相伴的是重新体验过去的渴望。旅游的兴起是对现代性的本能逃避和反叛，怀旧成为旅游的永恒主题和走出现代性困境的一种有效手段。作为现代性的重要标志之一的城市化为人类创造了休闲舒适的都市生活环境和文化环境，而城市空间的大规模扩张也在某种程度上引起了对自然生态环境的污染和对历史文化遗存的破坏。紧张而忙碌的都市生活加剧了现代人的压力，人们越来越向往简单、朴素的乡村生活方式。在此背景下，乡村旅游得以迅速发展。因此，乡村旅游本质上就是一种典型的怀旧旅游，既可能是农村长大的城市居民对农村生活的一种补偿性怀旧，也可能是城市居民出于逃避城市生活压力的一种怀旧心理，还可能是对过去和历史的一种沉醉，使人们希望去探究更简单、更真实的乡村生活，去探究乡村的历史和过去。现代化都市代表着全球化的现代性，而乡村则代表着传统的地方性，在时间特征上属于过去。在乡村旅游活动中，怀旧既是游客的旅游动机，又是乡村性的一种特殊魅力。

需要说明的是，城市居民热衷于乡村旅游并不意味着城市人想回到前工业时代，只意味着人们对于时间和记忆的一种追寻。人们怀念过去却并不是要回到过去，它仅仅只是对现实不满的一种表达方式。

此外，乡村旅游投资回报期短，风险低。乡村旅游的资源很多时候都是依靠现有的农村资源，而经营者又大多是当地居民，获取本土资源相对简单，只需略加修正、管理，就可以较好地满足旅游者的需求。另外，由于乡村旅游进入的门槛低，容易形成市场竞争，导致经营者常常依靠成本领先取胜。较之于高端旅游，乡村旅游因为无须提供豪华住所、高价食品等，也大都没有"景点门票"的入门成本，所以具有低成本、低价格的特点。这一特点适应了大众化消费的需求，因此作为现代旅游形式的乡村旅游是大众化的。从国内外来看，乡村旅游消费已经普及普通城市居民，尤其是以城市中产阶层为主要客源。

第二节 乡村旅游的发展趋势预测

目前，我国乡村旅游不仅有庞大的规模体量，而且有更广阔的发展前景。从零散的自发开发到政府引导规划发展，从一家一户的小规模开发到产业化发展，从口碑营销到利用网络等多渠道整合营销，形成了具有特色的乡村旅游开发模式，呈现出新的发展趋势。纵观我国乡村旅游的发展现状，以及诸多学者的一些研究成果，笔者认为我国乡村旅游主要有以下一些发展趋势。

一、参与主体多元化

我国农家乐在发展初期主要是农民利用自家农田果园、宅院等设施条件向城市居民提供的一种回归自然、放松身心、愉悦精神的休闲旅游项目，多由乡村中思想开放、经济基础较好的农民精英率先创办。随着乡村旅游的多元化发展，不仅政府有关部门给予了更多的重视和支持，将休闲农业和乡村旅游发展纳入农村社会经济发展和旅游业发展的体系中加以引导和扶持，而且农家乐的经营者也突破了单一由农民自发投资经营的局面，村民投资、政府支持资金、城市产业投资、城市居民投资、外商投资等多元投资风生水起，经营主体也出现了村民、城市居民和外来投资商等多元并存的格局。在未来，伴随着乡村旅游发展模式的多元化，乡村旅游参与主体也必将越来越多。当然，多元主体参与的乡村旅游发展少不了政府的引导。

二、更加注重开发创造特色资源

我国早期的乡村旅游都是依托当地的既有自然资源发展起来的。比如，成都的农家乐主要是依托特色花卉果园农业资源形成了"休闲游"品牌。北京的农家乐以科技农业、古村落文化和民俗文化为特色，形成了"民俗游"品牌。这一开发模式至今仍然具有重要功效。不过，随着休闲农业和乡村旅游的发展，简单地依托特色资源发展的乡村旅游已难以适应时代发展的要求，所以，乡村旅游不仅要依托特色资源，而且要在原有基础上开发创造更多的特色资源。这在当前已经有不少案例。比如，广西恭城红岩村在发展农家乐过程中，除保持其原有独特秀丽的田园风光和月柿景观之外，还结合新农村建设，统一规划修建了80多幢具有桂北民居风格的乡村别墅，使红岩村的农家乐旅游特色更为鲜明。浙江海宁和田龙农庄在农家乐发展过程中，从东北引入梅花鹿养殖，突破了传统的农家乐经营模式，开创了国内集养殖、观光、休闲、现场采集、养生保健、科普教育于一体的大型农庄。显然，未来乡村旅游的发展也必然更加注重开发创造特色资源，使乡村旅游产业有更强劲的生命力。

三、生态旅游、文化旅游与乡村旅游的结合将更加紧密

当前阶段，欧洲国家普遍重视发展乡村旅游的绿色内涵，日本比较重视挖掘乡村旅游的社会传统文化，而我国发展乡村旅游更侧重于其带来的经济效益。这是由我国的国情决定的，不过，随着经济的发展和供需主体素质的提高，乡村旅游的生态内涵和文化内涵必将得到重视，这一趋势已经开始显现。

乡村旅游具有人与环境协调的优势，乡村旅游是建立在农业生产和自然、人文环境融合、协调基础之上的，失去了这种融合，乡村旅游就没有了依托；失去了这种协调，乡村旅游就成了无源之水。所以，乡村

旅游需要将生态旅游和文化旅游结合起来。这也是与中国传统的"天人合一"的哲学思想和当前构建和谐社会的发展思路相符的。今后的乡村旅游将更加注重合理开发和规划，改变重设施建设、轻环境营造的现象，进行产品的深层次开发，注重参与性，挖掘乡村旅游产品的生态和文化内涵，努力使农耕文化与现代文化和谐相融，使旅游者在走向自然、回归自然的同时又能体验中国内涵深厚的文化底蕴。

四、产业集聚化越来越明显

现代产业具有集聚性的规律性要求。乡村旅游作为现代产业当然不可沿袭一家一户分散发展模式，否则就不能产生集聚效应和规模效应，难以实现持续发展。乡村旅游也应当在"合力发展"的基础上，逐步呈现出产业集聚的发展趋势。

五、管理更为规范化

在乡村旅游发展初期，乡村经营者主要是自发经营农家乐等旅游业务，同时乡村旅游是新事物，一段时间内既没有经营标准，又缺乏管理规范，导致出现了各种问题。比如，广西桂林恭城县红岩村的农家乐，经营初期每个家庭各自经营，村内的卫生环境治理、公共水电费用、安全巡逻、游客安排等一系列问题不断出现。后来，在县旅游局等部门的帮助下，红岩村旅游协会成立，其制定了相应的规章制度和工作职责，于是该村的农家乐经营形成了"农户＋农民旅游协会"的开发模式，进入了一个规范化经营管理阶段。类似的案例越来越多。目前，各级政府部门和乡村旅游经营者逐渐形成了实行标准化经营、规范化管理的共识。国家和地方政府有关部门以休闲农业与乡村旅游示范县和示范点创建为主要抓手，提出了农家乐等乡村旅游经营的规范标准和管理条例。各地在积极创建休闲农业与乡村旅游示范点、星级农家乐的同时，按照国家景区管理的标准建设乡村旅游景区。

六、以供给侧改革打造乡村旅游精品

我国正面临着经济结构的转型，供给侧改革已经成为应对经济结构转型及平衡供需的基本路径。乡村旅游作为我国旅游业近些年来发展较快的领域，在供需关系方面面临着巨大的压力，需求与供给两端存在着一定的矛盾。为此，只有不断加大乡村旅游的供给侧改革力度，提升产品供给质量，转型产业结构，才能有效应对市场需求，进而促进其转型升级。从供给侧改革推进乡村旅游有着极为重大的意义。它能够更好地满足旅游者的个性化与多样化需求；能够促进乡村经济发展与农业文化传承；更能够促进全域旅游的结构转型。

具体来说，以供给侧改革打造乡村旅游精品，需要多措并举。

第一，推进农业供给侧结构性改革，加强乡村旅游的要素供给和公共服务设施供给。加强乡村旅游的要素供给，特别是乡村旅游用地政策和金融政策的改革，才能让乡村旅游落到实处。此外，鼓励信用担保机构为新型农业经营主体提供担保服务；鼓励农民合作社开展内部信用合作、创新农业投融资机制。这些政策能加强乡村旅游金融要素供给。当然，乡村公共服务设施供给也是不能不重视的内容。在乡村旅游开发过程中，旅游公共服务设施严重滞后，特别是旅游厕所、旅游信息导览、旅游标识系统等匮乏。而加强公共服务设施供给，不仅有利于改善乡村旅游的环境，提升乡村旅游的品质，同时还可以改善乡村居民的人居环境，统筹推进美丽乡村建设和新农村建设。

第二，构建科学合理的乡村旅游开发规划体系。乡村旅游供给侧存在的规划不合理及盲目开发等问题，在一定程度上影响了乡村旅游的转型升级，也造成了资源的巨大浪费。因此，推进乡村旅游供给侧改革，必须做好开发规划工作。在乡村旅游规划过程中，要确立长远眼光与目标，使乡村旅游规划设计与本地乡镇规划、农村社区整体规划保持一致，进而突出乡村旅游的本地特色。同时，还应与农村生态环境保护相结合。如果没有地方特色的乡土生态环境，乡村旅游的吸引力必然不会太高。所以，促进乡村生态环境的持续发展，才能够实现开发效益最大化。

第三，推动乡村旅游的跨界融合，丰富"旅游＋农业"的新业态。乡村旅游应当与农业、乡土文化、信息技术深入融合。在信息技术快速发展的时代，只有推进乡村旅游与农业、文化、信息技术相结合，才能够更好地满足消费者需求。所以，旅游企业不要局限于观光农业、休闲农业和体验农业，要加强乡村旅游中的技术创新，大胆尝试诸如养生农业、创意农业等新业态，要打好民族牌、文化牌、生态牌，挖掘乡村旅游的民族特色和本土特色。乡村旅游特色的打造要突出资源优势，培育乡村旅游精品，突出文化特色，营造乡土文化氛围。

第四，从旅游者的需求角度去思考，增加特色旅游商品的供给。旅游商品目前的问题不是产能过剩，而是落后产能过剩，即同质、劣质的旅游商品产能过剩，而高价值、有特色的产能不足。

旅游商品是乡村旅游汇聚财气的重要突破口，要重点增强旅游商品的文化创意、地方特色和可携带性。例如，浙江省的安吉县将竹子进行充分利用，打造了各种特色商品。从一开始的竹席、竹垫，到竹子做的电脑键盘，再到竹纤维制作的毛巾和服饰、竹炭系列洗护用品，用竹子为原材料的旅游纪念品数不胜数、叹为观止。

第五，积极引进及培育乡村旅游专业人才。人才是乡村旅游供给侧改革的关键要素，要积极引进和培育大量能够满足乡村旅游所需的人才。所以，当前加大乡村旅游人才引进力度，解决当前人才不足问题，为乡村旅游发展注入活力，是打造乡村旅游精品必须重视的内容。各地政府应该结合本地乡村特色，定期举办旅游人才培训班，提升乡村旅游从业者的综合素质，借鉴国内外乡村旅游发展的先进经验，更好地推动乡村旅游供给侧改革。

第二章 乡村旅游基础设施建设

第一节 公共基础设施建设

一、乡村旅游公路建设

乡村旅游公路是指经过拥有旅游景点的城镇、乡村或者直接通达旅游景点的，能够满足游客的审美要求并为其提供符合生理、心理需求的服务设施及要求，且整体安全、环保、美观、管理有序的公路。"要想富，先修路"，乡村旅游发展也是如此。在自驾车乡村游呈现井喷式发展的今天，通过旅游公路网规划将公路资源与公路沿线（即城郊与乡村地区）的各类旅游资源高度整合已成为当前乡村旅游交通发展的主题。

（一）注重景观性

旅游公路除了提供必要的交通功能以外，更多的是将旅游公路本身作为区域景观资源的重要组成部分。良好的旅游公路作为旅游景观的一个重要组成部分融入了整个旅游景区系统中，成为构筑当地历史文化氛围的桥梁和展示当地文脉的风景线。旅游公路单独成为一道风景，体现出"旅游公路"的"公路旅游"价值性，拥有道路本身的视觉、自然、历史、娱乐、文化等特色价值。乡村旅游公路两侧应该利用乔木、灌木、花草等进行绿化美化，形成富有层次、随季节变换的景观廊道。在保证主干道畅通、安全的前提下，可因地制宜地采用多圆卵形曲线和随弯就势的连续 S 形曲线，改善线路的连续性、流畅性及公路路容景观的协调性，充分利用弯道、坡道，营造出一种"曲径通幽""柳暗花明"的效果，而不是过分强调道路笔直。村庄内部道路应顺应地形，做到不推山、不填塘、不砍树，以现有道路为基础，顺应现有村庄格局和建筑肌理，延续村庄乡土气息，传承传统文化脉络。

（二）注重网络性

走回头路是旅游线路设计之大忌。在一定区域内，旅游公路要成为环线，形成网络，合理连接区域内重要的乡村旅游点。要建设以旅游服务为主的干线公路（城市枢纽—景区旅游公路）和依托于干线公路的其他旅游公路（景区—景区旅游公路和景区内部旅游公路）。合理的旅游公路网一般应具备以下几个条件：①具有必要的旅游资源通达深度和里程长度；②具有特定的旅游价值；③要有与旅游资源和旅游交通相适应的道路技术标准和内在品质；④具有经济合理的平面网络。

（三）注重生态性

一般来说，乡村地区的自然生态环境均处于一个较好的水平，在乡村旅游公路网规划修建的过程中，环境问题一旦把握不好，势必会对乡村环境造成一定的影响，极有可能破坏乡村旅游的可持续发展。环境遭到破坏是旅游资源的无形消耗，旅游资源的耗尽意味着区域旅游经济的崩溃和旅游公路网旅游经济功能的瘫痪。因此，乡村旅游公路要与周边环境协调，绿化方案根据公路所在的不同生态区进行分段设计，要最大限度地减少边坡的开挖和保护原有植被，路线布设上尽量使路基不伤及原有边坡，对开挖的边坡要采取铺挂植被网和铁丝网进行生态防护或栽种乔木进行掩饰。

（四）注重舒适性

在乡村旅游公路规划建设中，要尽可能改善路线平纵线形，使道路线形连续、流畅，要提高路面等级和平整度，减少车辆颠簸。同时，要提高旅游服务水平，在道路系统中设置与旅游功能相匹配的设施，如每隔一段距离修建停车休息区、观景平台等。

（五）注重指示性

自驾车已经成为乡村旅游的主要出行模式，因此乡村旅游公路的建设一定要注重指示系统的构建。原则上讲，旅游标识设置的地点一般在公路出口前方的适当位置，每个出口处设置一套旅游标识，内容不超过2~3个景点，文字必须中英文对照，但不得影响其他公路指路标识的效果。在设置安排上，先重点后一般，其中国家级风景旅游景点可设置在高速公路上，省级重点旅游景点设置在国、省道上，并严格控制，防止过多、过滥。县、乡道路可以适当多设置指示标志，包括区域内所有的乡村旅游点，并且应该采用突出区域特色的个性化设计方案。

二、道路设施建设

道路设施包括道路绿化、道路排水、停车等。一般情况下，村庄主、次道路绿化是在道路两侧种植1~2排乔木，树下不做维护，自然生长的野草更富有趣味；也可在乔木之间种植常绿小乔木、灌木和地被植物，以减少土壤裸露和道路污染，提高防护功能，加强绿化效果。道路两侧绿化布置以简单、实用、大方为主，也可在不妨碍通行的地方种植绿叶阔叶树种，起到为村民提供遮阴、纳凉和交往空间的作用。宅前道两侧可考虑统一树种，统一各家门前植树位置，形成一街一树、一街一景的特色。对于道路一侧的开阔地带，可种植一些枝下高度较高的观赏大树，布置少量座椅，形成村民纳凉、聊天的场所。对于村民宅前屋后的空间，在统一绿化的同时添加村民自主种植的蔬菜，突出乡土特色。

当道路周边有水体时，应引导地块排水就近排入附近水体；道路周边无水体时，根据实际需要布置道路排水设施。一般情况下，道路紧邻建筑时，路面应适当低于周边地块，利于周边地块雨水排放。道路两侧为农田、菜地时，路面宜高于周边地块，有利于将道路积水漫排至农田、菜地。村庄停车有集中停车和路边停靠两种方式。集中停车可结合村庄入口或主要道路，设置机动车集中停放场地，减少机动车辆进入村庄内部对村民生活的干扰；发展乡村旅游的村庄，应根据旅游线路设置旅游车辆集中停放场地。路边停靠一般沿村庄道路，在不影响道路通行的情况下，选择合适的位置设置路边停车位。

三、民居立面改造

村落景观是乡村旅游资源的有机组成部分，构成了乡村旅游区的重要特色。在我国广大的农村地区，住宅大多为自建自搭，缺乏整体规划，这就造成建筑色彩、格局、样式区域大体雷同，与周围环境不相协调，破坏了乡村的美感。农村民居的改建大量使用预制板、瓷砖等构件，缺乏地域特征，进而丢弃了本地的地域特色，造成南北农村建筑趋同的现象，陷入"千街一面""千村一面"的境地。这种"趋同化"的农村建设环境，割裂了文脉和历史，进行乡村旅游时往往会给旅游者心理上带来失落感。

新农村建设为农村民居的改建提供了良好的契机，乡村旅游的大发展又为农村民居的改建提供了方向——新农村住宅社区的造型设计和风格取向，应与当地自然、天际轮廓线及周围环境的景色相协调，还要体现当地历史、文化、心理与社会生活等地域文化和文脉，以传统文化要素为切入点来探求农村民居立面改造手法，把村庄当作景点来改造提升。

（一）确立整体风貌

根据本地区的历史文化传统，或者乡村旅游发展规划中希望打造的总体目标（如法兰西风情小镇、荷兰村等）确立整个村庄的建筑风格。在开展乡村旅游的村庄，不同类型的农家乐可以采用不同类型的建筑和装修，根据展开的活动和服务增加相应的设施，但总体来说要保持乡土特色，体现出爱乡爱土的责任感和使命感。同时注意建筑布局的科学合理性，建筑风格、活动区域的地面处理、墙面处理以及建筑外观等都应该与乡村环境相协调。

（二）保留传统符号

立面改造中，要提取传统建筑符号（如坡屋顶、马头墙、穿斗栱等），组织建筑元素，符合整体建筑风貌形式特色要求，结合环境特征，形成具有地方特点的新农村民居。

（三）注意细节处理

要使住宅的立面造型具有独特风格，就必须在立面造型元素及细部处理这些方面多下功夫，充分利用屋顶形式、底层、顶层、尽端转角、楼梯间、阳台露台、外廊和出入口以及门窗洞口等特殊部位的特点，对建筑造型的组成元素进行精心组织，在经济、实用的原则下，丰富新农村社区住宅的立面造型。

（四）注重社区参与

民居改建涉及村民自身利益，一定要充分尊重当地村民的意愿，根据当地村民发展乡村旅游的需求进行设计、施工。

四、文化墙建设

文化墙是农村精神文明建设的重要载体和阵地，在乡村旅游发展中，也应该成为传播乡风文明、传递历史文化的风景。文化墙上的语言应该亲切自然，避免喊口号；文化墙上的内容，应该突出本地的历史文化，反映乡村民俗；在表现手法上，可以利用当地的农民画，也可以采用浮雕、砖雕、彩绘等形式。

五、给排水设施建设

水在村庄宜居要素中扮演着重要的角色。我们的先人在村庄给排水设施方面有着丰富的经验。纵观我国诸多古村落，不难看出它们在水利用方面都有相似之处，体现在亲水的规划选址原则、便利的水利设施、完备的雨水系统和实用的生活给排水设施等方面。在乡村旅游开发中，给排水设施建设应当遵循以下原则。

（一）优先实施区域供水

区域供水是指水源相对集中、供水范围覆盖多个区域、管网连成一片的供水系统。城乡统筹区域供水可合理利用水资源，能有效保障农村供水水质、水量，是统筹城乡建设的重要基础性工作之一。靠近城镇和区域供水管网的村庄要优先选择区域供水管网延伸供水，加快推进供水管网进村、入户。在测算用水量时,应当考虑旅游接待旺季时的需求。

(二)保障饮用水安全

距离城镇较远或无条件时,应建设给水工程,联村、联片供水或单村供水;无条件建设集中式给水工程的村庄,可选择单户或联户分散式给水方式,采用手动泵或小型水泵供水,水源井周围应保持环境卫生,并有排水设施。生活饮用水必须经过消毒处理,凡与生活饮用水接触的材料、设备和化学药剂等应符合国家现行有关生活饮用水卫生安全规定。给水厂站生产建筑物和构筑物周边30米范围内应无厕所、化粪池和畜禽养殖场,且不得堆放垃圾、粪便、废渣和铺设污水管道。供水管材应选用PE等新型塑料管或球墨铸铁管,使用年限较长、陈旧失修或漏水严重的管道应及时更换。原水含铁、锰、氟、砷和含盐量以及藻类、氨氮、有机物超标的,应相应采取特殊处理工艺。

(三)排水沟渠雨水收集

排水建设可根据实际采用沟渠、管道收集或就地自然排放,可与道路边沟结合,应充分利用地形以自流方式及时就近排入池塘、河流等水体。选择沟渠排放雨水时,断面一般采用梯形或矩形,可选用混凝土或砖石、条(块)石、鹅卵石等材料砌筑。采用管道收集雨水时,管材可采用混凝土管、硬聚氯乙烯塑料管、高密度聚乙烯塑料管等,管径一般为直径300~400毫米,每隔20~30米设置雨水检查井。排水沟渠应加强日常清理维护,防止生活垃圾、淤泥淤积堵塞,保证排水畅通,也可结合排水沟渠砌筑形式进行沿沟绿化。

(四)污水处理

乡村旅游的发展,为农村带来了大量的人流,也带来了污水和垃圾。城镇周边和邻近城镇污水管网的村庄,应优先选择接入城镇污水收集处理系统统一处置;村民居住相对集中的规划布点村庄,应选择建设小型污水处理设施相对集中处理;地形地貌复杂、居住分散、污水不易集中收集的村庄,可采用相对分散的方式处理生活污水。村庄小型污水处理设施的处理工艺应经济有效、简便易行、资源节约、工艺可靠。一般宜采用"生物—生态"组合模式，推荐选用"厌氧池—自流充氧接触氧化渠—人工湿地""厌氧池—脉冲生物滤池—人工湿地""厌氧池—风帽滤池—人工湿地"等工艺；有条件的村庄也可选用"水解酸化—好氧生物处理"等处理效率较高、运行费用较高的传统生化处理工艺；位于环境敏感区域并对排放水质要求高的村庄，可选用膜生物反应器等工艺。

六、垃圾收运设施建设

大量游客的涌入使农村的自然环境受到一定程度影响，在一些客流较大的乡村旅游景区，游客带来大量的垃圾给当地环境保护带来压力。乡村旅游发展地区应该率先建立完善"户分类、组保洁、村收集、镇转运、县处理"的城乡统筹生活垃圾收运处置体系，积极推动村庄生活垃圾分类收集、源头减量、资源利用。垃圾收运设施建设包括配置收集设施、建立保洁机制和引导分类利用三部分内容。

第二节　乡村旅游土地利用

一、乡村旅游与土地利用的关系

乡村旅游资源实际上是乡村土地利用的结果，乡村旅游发展如果离开了乡村土地利用，乡村景观和乡土文化也就不复存在。另外，乡村土地利用的主体是农民，他们祖祖辈辈在土地上耕作生息，既是乡土文化的创造者，又是乡村民俗文化的传承者，这种文化的形成与传承实际上也是通过土地利用而沿袭下来的。因此，乡村旅游如果离开了乡村土地利用，就会失去发展的基础。因此，在乡村旅游发展中，改变乡村土地利用方式或者是把农用地改成建设用地，都可能使乡村旅游发展走入困境。

乡村旅游要求乡村土地实现产业化规模经营，更加突出农业产品的特色和优势，从而使农产品的价值增值。乡村旅游促使乡村土地利用进行结构调整，转移农业剩余劳动力，从事旅游餐饮服务，改善农村社区环境，实现土地利用的经济效益、社会效益和生态效益。

二、乡村旅游用地的特点

乡村旅游与乡村土地利用的关系，也使乡村旅游土地利用不同于其他类型的旅游土地利用，它具有以下特点。

（一）以农用地类型为主的用地结构

乡村旅游土地利用不同于风景区旅游用地。风景区土地利用类型主要以生态型用地为主，乡村旅游土地利用则以农业用地类型为主，如耕地、园地、林地等。正是这种用地结构格局，才称得上乡村景观风貌。

（二）用地的复杂性

乡村旅游用地从用地类型来看，不仅有农业用地类型，包括耕地、林地、园地、水田、坑塘水面、农村宅基地等类型，而且有与旅游服务相配套的基础设施的用地类型，如道路、停车场、接待中心等，这些用地类型之间不是彼此孤立，而是构成一个统一的整体。这就需要我们在乡村土地利用中考虑各种用地类型之间功能的协调，既要实现土地生产农产品的功能，又要实现观光、休闲、体验等旅游功能，因此，在用地上体现出复杂性。

（三）多效益性

一般的乡村用地在用地效益上主要表现为农业经济效益。而作为乡村旅游的土地利用除了农业生产的直接经济效益外，其效益上的最大特点是突出农业土地利用的间接效益，将农业用地的耕作方式、生产周期的景观变化、生态功能、农家习俗、文化理念，甚至农村地区的构筑物和环境总和，都作为旅游产品，增加了农业土地利用的收入渠道。同时，乡村旅游能够加强对乡村景观环境的保护，增加绿化面积，减少水土流失，保护生物多样性，增加农业景观斑块，提高自然环境的美学价值和舒适性，延缓生态环境影响向负面发展，对乡村基础设施建设、现代环境和生态理念的普及、城乡文化交流、解决农村劳动力就业等具有显著的正效应。因此，乡村旅游土地利用的效益不仅表现为经济效益，也还表现为社会效益和生态效益。

三、乡村旅游产业化发展中土地流转的模式选择

（一）土地互换或置换式

乡村旅游开发模式土地互换式是农村集体经济组织内部的农户为方便耕种和各自需要，通过集体出面协商或农户自愿协商的办法，将农户经营的地块相互交换经营权，此种形式多出现在农业生产基地，是实现土地集中连片最为原始的方式。土地置换是指在占补平衡的原则下，发包方（即农村集体）以置换的方式，将农民部分或全部承包地块相互调换经营，以重新配置面积相当的耕地或宅基地。土地被互换或置换后，可以使农民的居住环境与配套设施得到改观，集中起来的农民以聚居村落开展旅游接待，发展餐饮、娱乐以及旅游商店等，使乡村旅游得到规模化发展。例如，河南商丘市虞城县在坚持"保留原有分地人口不变原则，保留原有耕地面积不变原则"的两不变原则下，提出了"小块并大块、多块变一块"的土地流转新模式。整合、优化土地的潜力，为农业规模化、产业化、集约化和机械化经营提供了坚实的基础，有效地破解了加快推进现代农业发展的"瓶颈"，为特色乡村旅游产业化发展奠定了基础。

（二）土地租赁式

乡村旅游开发模式土地租赁主要包括出租或反租倒包两种形式。出租是指土地承包经营权人将自己承包期内的土地在一定期限内部分或全部租赁给本村或外村种植大户或龙头企业等从事生产经营，业主一次性或分期付给农户一定租金。反租倒包是指以乡村组织的名义，将土地承包经营权人承包期内的部分或全部土地以一定的租金、期限统一承租，进行整合、规划，经调整、改造、建设配套，再反包给本村或村外个体、经营大户发展农业或参与乡村旅游经营。

(三）土地股份合作制乡村旅游开发模式

土地股份合作制模式是指在乡村旅游开发中，农民以承包的土地入股为核心，参与乡村旅游开发及多种形式的旅游服务。这种模式是当今市场经济条件下土地有效流转和规模经营的重要方式方法，市场化程度较高。在利益分配方面，遵循"风险共担、利益共享、多投入多得"的原则，实行按股分红、按劳分配、按投入生产要素（包括土地、资金、劳动力等方式）分配相结合的方式分享乡村旅游开发的成果，如景区门票的分红等。最终使农民与经营者形成"利益共同体"，形成旅游开发与农民致富和谐共生的景象。21世纪初，青海省湟中县拦隆口镇扎什营村村民集体将10多公顷土地承包给某家公司，实行土地入股的生产经营模式，开办了以种植、赏花、观光、休闲、采摘等为一体的油桃基地，经过四年的发展，油桃基地不仅有了可观的经济收入，同时也解决了当地几个村村民的就业问题。

第三节　乡村接待服务设施建设

乡村接待服务设施建设是指在乡村地区建设和完善旅游接待和服务设施，以提供优质的接待和服务体验，促进乡村旅游的发展和乡村经济的增长。

乡村接待服务设施建设包括以下方面。

一、接待中心

接待中心是一种专门为游客提供咨询、导览和服务的场所。在旅游目的地或旅游景区中，接待中心通常是游客的第一站，也是游客获取信息、购票、安排行程和接受服务的重要场所。

接待中心的主要功能包括：

①信息咨询：提供游客所需的各类旅游信息，包括景点介绍、交通指引、旅游线路、景点票务等，帮助游客了解目的地并做出合理的旅行安排。

②导览服务：提供专业的导游或讲解员，为游客提供导览服务，引导游客参观景点、讲解历史文化背景、介绍景点特色等，提升游客的旅游体验。

③服务指导：为游客提供服务指导，包括如何购票、如何参观景点、如何使用设施等，解答游客的问题和需求，确保游客能够顺利、便捷地享受旅游服务。

④接待安排：协助游客进行接待安排，包括酒店预订、用餐安排、交通接送等，提供个性化的接待服务，满足游客的需求和要求。

⑤旅游商品销售：提供旅游相关的商品销售，如纪念品、地方特产等，让游客可以购买到符合他们需求的纪念品或特色商品。

接待中心通常设有接待柜台、信息展示区、导览服务区、休息区等功能区域，提供舒适的环境和便捷的服务设施，以满足游客的需求并提升旅游体验。接待中心也是旅游目的地或景区的门面，通过精心设计和布置，展示当地的特色文化和风貌，为游客留下深刻的印象。

接待中心在旅游发展中起着重要的作用，它是旅游目的地的窗口和连接游客与目的地之间的桥梁，能够提供便利的服务和准确的信息，为游客创造良好的旅游体验，促进旅游业的发展和地方经济的繁荣。

二、客栈和民宿

客栈和民宿都是提供旅游住宿服务的场所，但它们在经营模式和特点上有所区别。

客栈通常是一种传统的旅游住宿设施，通常位于旅游目的地或风景区附近。客栈一般具有一定规模的建筑，设有多个客房供游客选择，提供基本的住宿设施和服务，如床铺、卫生间、空调、电视等。客栈通常由业主或管理者直接运营，提供标准化的住宿服务，并常常具有较为明确的管理体系和服务标准。客栈一般会提供早餐服务，并可能提供其他额外的服务设施，如餐厅、停车场等。

民宿（民居式旅游住宿）是一种以居民家庭的闲置房屋为基础，以提供独特的住宿体验为主要特点的旅游住宿设施。民宿通常是居民将自己的闲置房屋或房间租给旅客，提供临时住宿。民宿的房屋类型多样，可能是独立的小别墅、公寓、农家院等，也有部分是居民家庭的一部分空间。民宿通常提供温馨、家庭式的住宿环境，给游客一种融入当地生活的体验。民宿的房间设施和服务水平可能因业主的个人喜好和经营理念而有所差异，但通常提供基本的住宿设施，如床铺、卫生间等。

客栈和民宿都注重提供舒适的住宿环境和个性化的服务体验。它们的经营目标都是为游客提供独特的住宿选择，让游客能够更好地融入当地文化和生活方式。在选择客栈或民宿时，游客可以根据自己的需求和偏好，考虑住宿设施、地理位置、价格和评价等因素，选择适合自己的住宿方式。

三、餐饮设施

餐饮设施是指提供餐饮服务的场所或设备。它们可以包括各种类型的餐厅、饭店、咖啡馆、酒吧、快餐店等。餐饮设施的规模和设施会根据不同的场所和经营方式而有所差异，但它们的主要目的是为顾客提供各种餐饮食品和饮料。

常见的餐饮设施包括：

①餐厅：设有用餐区域和厨房，提供正餐、自助餐或特定菜系的菜肴。餐厅可以根据装修和服务风格的不同分为高档餐厅、中档餐厅和快餐厅等。

②咖啡馆：提供各种咖啡和小吃，以轻松舒适的氛围为特点，常用于休闲、社交或工作场合。

③酒吧：提供酒精饮品和小吃，通常作为社交和娱乐场所。酒吧可能有音乐表演或其他娱乐活动。

④快餐店：提供便捷、快速的餐饮服务，通常以外卖或堂食方式供应，菜单包括汉堡、薯条、三明治等快餐食品。

除了以上常见的餐饮设施，还有许多其他类型的餐饮场所，如糕点店、冷饮店、面馆、火锅店、烧烤店等。这些设施可以根据不同的食品种类、经营理念和服务方式来分类。

餐饮设施的经营需要考虑食品卫生、菜单设计、厨房设备、服务人员培训等方面的要求，以确保提供安全、卫生、美味的餐饮体验给顾客。同时，餐饮设施也应遵守相关的法律法规，包括食品安全标准、员工劳动法等，保障顾客和员工的权益。

四、休闲娱乐设施

休闲娱乐设施是指为人们提供休闲、娱乐和娱乐活动的场所或设备。这些设施旨在满足人们的娱乐需求，提供各种休闲和娱乐活动的场所和设备。下面是一些常见的休闲娱乐设施的例子。

①娱乐场所：包括游乐园、主题公园、水上乐园、动物园、海洋馆等。这些场所提供各种游乐设施和娱乐活动，如过山车、旋转木马、水滑梯、观赏动物等，适合家庭和朋友一起度过愉快的时光。

②娱乐中心：提供多种娱乐设施和活动的综合性场所，如娱乐城、游戏中心、电影院等。这些场所通常设有电影放映厅、游戏机、保龄球、桌球、电玩游戏等，供人们享受休闲娱乐活动。

③体育设施：包括体育场馆、健身中心、游泳池、篮球场、网球场等。这些设施提供运动和健身的场所，人们可以参与各种体育活动，如篮球、足球、网球、游泳等，增强体质和放松身心。

④温泉和水疗中心：提供温泉浴、按摩、美容和放松身心的服务。人们可以在这些设施中享受温泉浸泡、按摩舒缓和美容护理，舒缓压力和提升健康。

⑤咖啡馆和茶座：提供休闲、放松和社交的场所。人们可以在这些场所品尝咖啡、茶和小吃，与朋友交流、阅读或工作。

五、导览服务

导览服务是指为游客或参观者提供导览、解说和指引的服务。导览服务可以提供有关景点、博物馆、展览、城市等的相关信息和解说，帮助游客更好地了解和体验所参观的地方。以下是一些常见的导览服务形式。

①导游服务：由专业导游提供的导览服务，他们具备相关知识和经验，可以向游客讲解景点的历史、文化、艺术等内容，并引导游客参观和了解各个景点的特点和亮点。

②音频导览：通过提供预录制的音频解说，游客可以使用导览设备或手机等听取导游的解说。音频导览可以根据游客的需求提供多语种选择，并可以随时自主选择听取的内容。

③视频导览：通过播放预先录制的视频，向游客展示景点的风景、文化背景和历史故事。视频导览可以通过大屏幕、显示屏或移动设备等进行播放，提供更直观和生动的导览体验。

④导览地图和指南册：提供详细的景点地图和介绍，帮助游客自行导览。导览地图和指南册通常包含景点位置、路线规划、重要景点介绍和相关信息，游客可以根据自己的兴趣和时间自由选择参观。

⑤虚拟导览：利用虚拟现实（VR）或增强现实（AR）技术，游客可以通过佩戴VR眼镜或使用手机应用等，体验沉浸式的导览体验。虚拟导览可以提供逼真的景点模拟、互动体验和多媒体信息展示。

导览服务可以为游客提供更深入和丰富的参观体验，帮助他们更好地理解和欣赏所参观的地方。这些服务不仅可以提供相关信息和解说，还可以为游客提供导览路线规划、参观时间安排和其他旅游建议，提高游客的参观效果和满意度。

六、接待设施

接待设施是指用于接待和招待客人的设施和场所，提供舒适和便利的环境，满足客人的需求。接待设施通常包括以下内容：

①接待大厅：设有前台接待处和休息区域，用于接待客人，办理入住手续，并提供信息咨询和服务。

②客房：提供各类客房供客人住宿，包括标准间、豪华间、套房等，设有床铺、卫生间、家具和基本的生活设施。

③餐厅和酒吧：提供各类餐饮和饮品服务，包括早餐、午餐、晚餐，以及小吃、咖啡、酒水等。

④会议室和宴会厅：用于举办各类会议、培训、庆典和宴会活动，配备音响设备、投影仪、舞台等设施。

⑤健身和休闲设施：包括健身房、游泳池、SPA、按摩等设施，供客人进行身体锻炼和放松。

⑥商务中心：提供复印、传真、打印、上网等办公设施和服务，满足商务客人的需求。

⑦其他设施：如停车场、礼品店、洗衣服务、行李寄存等，为客人提供更全面的服务和便利。

接待设施的目标是提供舒适、便利和满意的住宿和服务体验，满足客人的需求，营造良好的客户体验和口碑。各种设施的设计和布置应符合客人的需求和期望，保持设施的安全和卫生，提供优质的服务，从而提升客人的满意度和忠诚度。

乡村接待服务设施建设能够吸引更多游客到乡村地区旅游观光，增加乡村旅游的收入和就业机会，推动乡村经济的发展和乡村振兴战略的实施。同时，它也能够改善乡村居民的生活条件，促进乡村文化的传承和乡风文明的建设。

第四节 乡村信息服务设施建设

乡村信息服务设施建设是指在乡村地区建立和完善信息化设施，以提供信息服务和便利乡村居民的生活和发展。以下是一些常见的乡村信息服务设施建设内容。

一、乡村网络覆盖

乡村网络覆盖是指在农村地区建立稳定、高速的互联网网络，使乡村居民能够方便地接入互联网，享受数字化信息和服务。以下是乡村网络覆盖的一些关键点和方法。

①建设宽带网络基础设施：在乡村地区铺设光纤和宽带网络设备，提供高速稳定的网络连接。可以采用光纤到户（Fibre To The Home，FTTH）的方式，将宽带网络引入每个农户。

②无线网络覆盖：在乡村地区建设无线网络覆盖，包括 WiFi 覆盖和移动网络覆盖，方便居民使用智能手机、平板电脑等设备接入互联网。

③政府支持和投资：政府部门应加大对乡村网络覆盖建设的支持和投资力度，提供资金和政策支持，推动乡村网络建设的顺利进行。

④电信运营商参与：与电信运营商合作，利用其网络资源和技术优势，共同推动乡村网络覆盖工作。可以与运营商签订合作协议，共同承担网络建设和运营维护的责任。

⑤共享基础设施：推动不同网络运营商、政府机构和企业之间的合作，共享基础设施和网络资源，降低网络建设成本，提高网络覆盖效果。

⑥教育和培训：加强乡村居民的网络教育和培训，提高其对网络的认知和使用能力。可以开展网络培训班、提供网络教程和指导，帮助居民熟练使用互联网。

乡村网络覆盖的重要性在于打破信息孤岛，让乡村居民能够享受到互联网带来的便利和机遇。通过乡村网络覆盖，居民可以获取到农业信息、市场行情、政府政策等实时信息，同时也可以开展电子商务、在线教育和远程医疗等活动，促进乡村经济发展和农民增收。

二、信息中心

信息中心是一个集中管理和提供信息服务的机构或场所。在乡村信息服务设施建设中，信息中心起着重要的作用。以下是信息中心的一些基本特点和功能。

①信息收集和整理：信息中心负责收集乡村各方面的信息，包括农业信息、农产品市场信息、政府政策信息等，并进行整理和归档，以便后续的查询和使用。

②信息发布和传播：信息中心将收集到的信息进行发布和传播，通过多种渠道向乡村居民提供信息服务。可以利用电子显示屏、宣传栏、传单等方式将信息展示给居民，也可以通过互联网、手机 App 等渠道进行信息传递。

③信息查询和咨询：居民可以到信息中心进行信息查询和咨询，询问相关问题或获取特定信息。信息中心的工作人员可以提供专业的指导和建议，帮助居民解决问题和获取需要的信息。

④信息培训和教育：信息中心可以开展信息技术培训和教育活动，提高乡村居民的信息素养和技能水平。可以组织培训班、讲座或研讨会，教授居民如何使用电子设备、上网查询信息、利用网络资源等。

⑤信息资源管理：信息中心负责管理乡村的信息资源，确保信息的安全、完整和可靠性。包括信息的备份、存储、维护和更新等工作，以确保信息的可持续性和可用性。

信息中心的建设对于提升乡村居民的信息获取能力、促进农村发展和改善农民生活具有重要意义。通过信息中心，乡村居民可以及时了解到最新的农业技术、市场行情、政府政策等信息，提高农业生产效益和农民增收能力。同时，信息中心也是推动数字乡村建设和信息化发展的重要支撑，为乡村发展注入新的活力和动力。

三、电子支付系统

电子支付系统是指基于电子技术和网络通信设施，用于实现货币交易和资金流转的一种支付方式。它通过数字化的方式，将支付行为从传统的现金支付转移到电子平台上进行，提供了更加便捷、快速和安全的支付方式。

电子支付系统通常包括以下要素和功能：

①支付工具：包括银行卡、手机支付、电子钱包等，用户可以通过这些支付工具进行消费支付。

②支付网关：作为支付系统与商户之间的桥梁，负责处理支付交易请求、进行身份验证和支付授权等。

③支付渠道：涵盖线上和线下的支付渠道，包括网银支付、第三方支付平台、POS机等。

④安全性措施：采用各种加密技术和身份验证手段，确保支付过程的安全性和用户信息的保护。

⑤结算与清算：包括支付机构和银行之间的结算和清算流程，保证资金的准确划转和结算。

电子支付系统的优势包括：

便捷性：用户可以随时随地进行支付，不受时间和地域限制，无须携带大量现金。

快速性：支付过程简单快捷，资金可以即时划转，节约了用户的时间。

安全性：采用了多种安全技术和措施，保护用户的资金和个人信息不被盗窃或篡改。

实时监控：支付系统可以实时监控交易活动，及时发现异常情况并采取相应措施。

电子支付系统在商业交易和日常消费中发挥着重要作用，促进了经济的发展和便民服务的提升。随着科技的不断进步和用户支付习惯的改变，电子支付系统的应用将进一步普及和发展。

四、公共信息终端

公共信息终端是指在公共场所或公共服务机构中设置的专门用于提供信息服务和交互的终端设备。它们通常配备有显示屏、触摸屏、键盘、扫码器等功能，能够向用户提供各种信息内容和服务。

公共信息终端的主要功能包括：

①信息查询：用户可以通过终端查询各类信息，如新闻资讯、天气预报、交通信息、旅游景点介绍等。

②自助服务：终端可以提供自助服务，如办理车票、机票、酒店预订、缴费、取号等。

③导航导览：终端可以提供导航和导览功能，帮助用户查找目的地并提供路线指引。

④公共服务：终端可以连接公共服务平台，提供政府公告、社区服务、就业信息等公共服务内容。

⑤公众信息发布：终端可以用于发布公共信息，如政府公告、紧急通知、宣传活动等。

⑥互动娱乐：终端可以提供互动娱乐功能，如游戏、音乐、视频播放等。

公共信息终端的设置可以提供便捷的信息服务，满足公众的信息需求，提升服务效率，促进社会公共服务的现代化和智能化。同时，公共信息终端也需要考虑信息安全和用户隐私保护等问题，确保用户信息的安全和合法使用。

五、移动应用服务

乡村旅游移动应用服务是指通过移动应用程序提供给游客的与乡村旅游相关的各种服务。这些应用程序通常具有以下功能：

①旅游景点介绍：提供乡村旅游景点的详细介绍、图片和视频展示，帮助游客了解各个景点的特色和历史文化。

②路线规划：根据游客的出发地和目的地，提供最佳的乡村旅游路线规划，包括交通方式、时间、距离等信息，方便游客安排行程。

③导航导览：提供实时导航功能，指引游客前往乡村旅游景点，包括地图、定位、路线导航等功能，帮助游客更方便地找到目的地。

④特色体验活动：推荐乡村旅游的特色体验活动，如农家乐、手工艺制作、农田劳作等，让游客可以深入了解乡村文化和生活方式。

⑤预订和支付：提供乡村旅游产品的在线预订和支付功能，包括住宿、餐饮、景点门票等，方便游客提前安排行程并进行支付。

⑥用户评价和分享：允许游客对乡村旅游景点、活动、服务进行评价和分享，帮助其他游客了解真实的用户体验和推荐。

乡村旅游移动应用服务可以让游客更方便地获取信息、规划行程、体验活动，并提供了更好的互动和参与体验。同时，它也促进了乡村旅游的发展，为乡村地区的经济和社会发展带来了新的机遇。

乡村信息服务设施建设的目标是打破信息壁垒，提供信息共享和便利服务，促进乡村经济发展、农民增收和乡村居民生活品质的提升。通过建设和完善乡村信息服务设施，可以提高乡村居民的信息素养和应用能力，促进乡村的数字化转型和智慧乡村建设。

第三章　乡村旅游营销发展

第一节　旅游营销的概述

一、营销的内涵

（一）营销的概念

从社会学的角度来看，营销指的就是个人或者企业通过创造、提供、出售并同别人自由交换产品和价值，获得所需的一种社会和管理过程。

从管理学的角度来看，营销也常被称为不可描述的推销艺术。但是这种定义近年来逐渐受到国内外专家的质疑，越来越多的专家认为推销只是营销的一部分，将营销简单地与推销等同起来是一种错误的做法。正如管理学家彼得·德鲁克在其著作《卓有成效的管理者》中所言："可以设想，某些推销工作总是需要的，然而，营销的目的就是要使推销成为多余。营销的目的在于深刻地认识和了解顾客，从而使产品或服务完全适合顾客的需要而形成产品自我销售。理想的营销会产生一个已经准备来购买的顾客。剩下的事就是如何便于顾客得到这些产品或服务。"[1] 从该论述可以看出，营销的根本宗旨是促使顾客了解这些产品，从而产生购买欲望，而推销则是一种以促使顾客购买产品为目的的销售行为，营销的内涵较之推销毫无疑问更加深刻。

---

[1] ［美］彼得·德鲁克. 卓有成效的管理者［M］. 许是祥，译. 北京：机械工作出版社，2009.

从当前学术界关于营销的内涵研究现状来看，有一种论述对于营销的定义得到了大部分专家的认可。该论述认为营销是一种计划和执行关于商品、服务和创意的观念、定价、促销和分销，营销的根本目的是创造符合个人和企业目标需求。

该论述关于营销的定义主要具有以下五个内涵：

第一，营销的主体可能是营利性企业，也可能是非营利组织机构，这与传统的营销界定仅仅局限在营利性企业身上是截然不同的。例如企业或者个人出售商品和服务是一种营销活动，但是学校所提供的教育服务、医院所提供的医疗服务、城市的经济建设等从本质上来说也是一种营销活动。

第二，营销的对象不仅仅包括商品和服务，思想、观念、创意等也是营销的重要对象。

第三，对市场环境进行科学分析，准确地选择目标市场。确定最终的产品开发项目，结合市场供需对产品进行定价，选择合适的促销手段等是营销活动的主要内容。一般来说，能够对营销效果产生影响的因素主要有两种：一是企业所不能控制的因素，例如政治因素、法律因素等；另一种则是企业能够控制的因素，例如生产成本的控制、分销渠道的选择等，这些能够控制的因素一旦出现问题，最终的营销效果自然大打折扣。

第四，对顾客的需求进行引导，进而满足顾客的需求是营销活动的基本出发点。从这个角度来说，营销活动必须以顾客为中心，面对不断变化的市场环境及时做出正确的反应，从而满足在不同市场环境下顾客的不同需求。值得注意的是，顾客的需求不仅仅局限于现在的需求，更包括未来的需求。良好的营销活动总是能够在满足顾客现在需求的同时刺激和引导顾客，从而创造出源源不断的未来需求。

第五，实现个人和企业的目标是营销活动的根本目标。虽然说营销活动是围绕顾客展开的，为顾客服务的，但是归根结底是为了实现个人和企业的目标。对于营销人员而言，营销活动的好坏决定了自己的经济收入和地位,而对于企业而言,营销活动能否取得应有效果则决定了企业的经济效益和市场竞争力。可以说,一切市场交易行为都是通过营销活动来完成的。

从上述关于营销内涵的解释我们可以看出,营销不是一种简单的推销活动,它需要相当多的工作和技巧,因此将营销视为一门学科和艺术是毋庸置疑的。

尽管到目前为止对营销的定义仍然是各种各样的,其主体、观点和侧重点也不尽相同,并且随着时间的变化而变化。但在"营销"的一些核心要素和基础性质方面,仍具有相同之处。这些相同之处主要有以下九点:

第一,顾客的满意度是评价营销活动的一个基本指标。

第二,营销活动是在市场环境中进行的,因此准确地识别市场机会,最大限度地利用市场机会是营销活动的一个基本方法。

第三,不同的产品和服务所针对的顾客群体是不同的,因此良好的营销必须准确地选择目标顾客。

第四,营销活动所带来的一个直接后果就是促进市场交易的繁荣。

第五,在动态的环境中保持领先。

第六,营销是一门对创新能力要求较高的学科,只有不断创新才能够保证营销活动取得应有效果,从而战胜现实和潜在的市场竞争者。

第七,对现有的资产和资源进行有效利用是营销的基础。

第八,增加市场份额是营销活动的一个基础出发点。

第九,所有的营销活动都是为提高企业的盈利能力服务的。

这些要素是当今营销学者广泛同意的。但正如营销学家迈克尔·贝克(Michael J. Baker)所说,"给出单一的定义不是我们的宗旨",营销本身应具有适应性、灵活性、国际性和开放性。对于企业而言,所有的成功经营都是营销导向的,关键问题在于生产者或销售者头脑里的想法——他们的营销哲学。如果这种营销哲学里包含了对消费者需求和需要的考虑、对所追求的利益和满意度的欣赏、对建立对话和长期合作关系所付出的实实在在的努力，那么这就是一个营销哲学，而不必考虑组织中是否拥有标记为营销的人员或职能。

（二）营销观念的演变

从本质上来说，企业的一切经营行为都是一种营销行为，如此营销观念其实指的就是企业的经营指导思想和观念。企业的经营指导思想并不是一成不变的，社会生态产品的提高、商品经济的发展、市场供需的变化等都会对企业的经营指导思想产生一定的影响。纵观历史，企业的营销观念大致经历了以下四个阶段。

1. 生产观念

生产观念指的是将生产作为企业经营中心的一种营销观念。该观念的一个基本观点就是，生产是最为重要的，只要能够生产出有用的产品和服务，那么该产品和服务就一定能够销售出去。对于顾客而言，他们最为关注的是产品和服务的价格以及获得产品的便利程度。这一观念是社会市场需求大于供给背景之下的产物，例如古代的旅馆、驿站等就是生产观念的直接体现，这些产品虽然提供的服务十分有限，但是在那个需求大于供给的时代背景下并不愁销路。

从我国旅游业发展的角度来看，在旅游业发展的初期，在人民收入水平迅速提高的背景下，处于发展初期阶段的旅游业明显面对需求大于供给的现状，如此一来交通、饮食、住宿等服务供不应求，这种情况下自然产生了生产观念，很多企业认为只要有相应的服务就能够销售出去。但是随着旅游业走上健康的发展轨道，企业之间的竞争日趋激烈，这种情况下生产观念也逐渐失去了生存空间。

2. 产品观念

产品观念指的是将产品作为营销核心的一种企业经营思想。产品观念认为产品是企业经营成败的关键要素，质量最优、性能最好、价格最低的产品总能够获得消费者的认可，帮助企业赢得市场竞争优势。在产品观念的影响下，企业一直将经营的重心放在产品和服务的创新上，并不断地对产品和服务进行优化。

与生产观念相比，产品观念毫无疑问是一个巨大的飞跃。从旅游业的发展角度来看，产品观念诞生在旅游市场逐渐饱和的背景之下，旅游市场的饱和也意味着旅游企业之间的竞争逐渐激烈，各旅游企业所存在的差异并不是很明显，这种情况下越来越多的旅游企业开始依靠独特的产品服务来获得消费者的认可，例如高品位的旅游景点、一站式的旅游交通、豪华的住宿饮食服务等。

值得注意的是，产品观念并不是完美无缺的，它很容易导致一个问题，即过分地重视产品或者服务的质量，导致企业对市场的需求没有给予足够的重视。

3. 推销观念

推销观念指的是将销售作为核心的企业经营思想。该观念认为，消费者对于产品和服务往往处于一种"购买"和"不购买"的摆动之间，如果听其自然，那么消费者购买该产品与不购买该产品的概率各占一半，这种情况下推销活动就会提高消费者购买产品的概率，尤其在同类产品众多的今天，产品的替代性使得推销的重要性更是凸显出来。

经过长期的实践与研究，推销已经形成一门专门的学科体系，拥有独特的应用理论。推销观念固然是市场激烈竞争下一种提高市场占有率的有效手段，但是推销并不是万能的，很多老化的产品哪怕拥有再好的推销手段也无法销售出去。这一点在国内旅游产业上体现得尤为明显，我国观光型旅游产品在国际旅游市场上推销效果并不是很理想，虽然说与我国的旅游推销意识和手段有着一定的关系，但是最根本的原因仍旧是我国的观光型旅游产品过于老化，与国际游客的旅游需求不符合。

4. 营销观念

（1）营销观念的含义

营销观念是针对上述三种观念面临的挑战而出现的一种企业经营思想。该观念认为：实现组织诸目标的关键在于正确确定目标市场的需要，并且比竞争对手更有效、更有利地传送目标市场所期望满足的需要。营销观念与生产观念恰恰颠倒了过来——顾客需要什么样的产品和服务，企业就提供这些产品和服务。

营销观念的形成是以卖方市场转为买方市场为背景的，在当今国际和国内旅游业竞争日趋激烈的大环境下，以顾客为中心的营销意识冲击着现代旅游业的经营者们。例如"客人就是上帝""宾客至上""客人就是衣食父母""客人总是对的""您就是这里的主人"等，屡见于旅游业的宣传口号之中。概言之，营销观念要求企业"提供你能够售出去的产品"，而不是"出售你能够提供的产品"。

（2）顾客让渡价值

在现代营销观念指导下，企业应致力于顾客服务和顾客满意。而要实现顾客满意，需要从多方面开展工作，并非人们所想象的只要价格低就万事大吉。事实上，消费者在消费时，价格只是其考虑因素之一，消费者真正看重的是"顾客让渡价值"。

顾客让渡价值是指顾客总价值与顾客总成本之间的差额。顾客总价值是指顾客购买某一产品与服务所期望获得的一组利益，包括产品价值、服务价值、人员价值和形象价值等。顾客总成本是指顾客为购买某一产品所耗费的时间、精神、体力以及所支付的货币资金等。因此，顾客总成本包括货币成本、时间成本、精神成本和体力成本等。

由于顾客在购买产品时，总希望把有关成本包括货币、时间、精神和体力等降到最低限度，而同时又希望从中获得更多的实际利益，以使自己的需要得到最大限度的满足。因此，顾客在选购产品时，往往从价值与成本两个方面进行比较分析，从中选择价值最高、成本最低，即顾客让渡价值最大的产品，作为优先选购的对象。

（3）4C营销观念

传统的营销理论可以用"4P"营销理论来形容，即将产品（Product）、价格（Price）、渠道（Place）、促销（Promotion）作为实现营销目标的首要选择，认为良好的产品、较低的价格、优质的分销渠道结合不断的促销活动能够帮助企业的产品和服务顺利占领市场。但是从顾客让渡价值的角度来看，传统的营销手段虽然给顾客带来的利益是客观易见的，然而这种客观的利益则完全由顾客的主观意识决定，例如一个能够给顾客带来诸多利益的产品和服务，但是在顾客的思维中，企业的这种手段仍旧为其获取绝大部分利益，因此对于企业的营销手段自然产生抗拒之心。这种情况下，美国营销学家罗杰·卡特赖特在其著作《市场营销学》中提出了有别于传统"4P"营销理论的"4C"营销观念，该理论主要包括以下四个方面的内容：①瞄准顾客需求，即根据顾客现有的市场需求以及为了可能产生的需求来针对性地生产产品。②了解顾客的成本，即在进行营销之前要明确顾客为了满足自身的需求愿意花费多少时间、金钱、精力，而不是从企业的利益出发对产品和服务进行定价，然后采取促销活动进行让利。③顾客的便利性，即在营销时要考虑到顾客购买产品和服务的最便利途径。④与顾客沟通，即通过互动、沟通等方式，将企业内外营销不断进行整合，把顾客和企业双方的利益有效地整合在一起。

（三）关系营销

1. 关系营销的含义

关系营销虽然仍旧属于营销学的范畴，但是与传统的以交易为核心的营销相比，关系营销具有属于自身的特点。所谓的关系营销指的就是将营销活动视为一个企业参与消费者、供应商、分销商、竞争者、政府机构以及其他公众发生互动作用的过程，关系营销的根本目的是帮助企业与其他社会群体建立良好的关系。

2. 关系营销的特征

与传统的以交易为核心的营销活动相比，关系营销的特色主要集中在对待顾客的态度上，其具体表现在以下四个方面：

第一，交易营销关注的重点是一次性交易，即促使顾客购买产品，产品购买之后顾客的回头率则不是在交易营销的考虑范畴之内。而关系营销则注重保持顾客，哪怕顾客没有购买的欲望，关系营销也会一视同仁地为顾客提供相关服务。

第二，交易营销很少强调顾客服务，而关系营销则高度重视顾客服务，通过培养顾客的忠诚度来使得顾客成为自身企业的长期消费者。

第三，交易营销很少有消费前后的承诺，而关系营销则有充分的顾客承诺。

第四，交易营销认为产品与服务的质量应当是生产部门的职责，销售部门不关注产品与服务的质量。而关系营销则认为所有部门都应当重视产品与服务的质量。

关系营销的本质大致可以概括为以下五点：

第一，双向沟通。在关系营销理论看来，沟通应当是双向的而不是单向的，顾客与企业之间的沟通、企业与企业之间的沟通是实现信息交流和共享的根本途径。

第二，合作。对于关系营销而言，没有绝对的竞争对手，相反，双方的合作能够更好地发挥自己的优势，实现双赢。

第三，双赢。关系营销的一个基本出发点就是通过合作来维持双方的利益，而不是在不必要的市场竞争中造成损失。

第四，亲密。双方的亲密度决定了关系的稳定与发展，因此关系营销一直以来都是将加强双方的亲密度作为活动的一个重心。

第五，控制。对于关系营销而言，顾客、分销商、供应商乃至社会大众是一个统一的整体，为了更好地对这些群体进行了解，需要建立专门的部门来跟踪他们，以此来保证能够及时地采取各种措施消除关系中的不稳定因素。

3. 4R营销理论——关系营销新理念

4R营销理论是美国营销学专家唐·舒尔茨（Don E. Schultz）教授提出的一个新概念，该概念是对关系营销的总结和升华，阐述了一种新的关系营销理念，具体如下所示。

(1) 关联

4R营销理论认为，企业和顾客从根本上来说在利益上是相互联系的，两者可以说是一个命运共同体。因此，与顾客建立并保持长期的关系是企业经营管理的主要内容，这也就意味着企业与顾客建立联系时必须站立在平等的角度，认真地听取顾客关于企业的一系列建议，充分了解顾客的现实需求与潜在需求，企业的一切经营行为都是为满足顾客需求而服务。只有这样才能够让顾客在消费活动中得到更多的实惠，增加顾客对企业的认同感，最终使企业与顾客形成一种互助、互求、互需关系，最大限度地减少顾客流失的可能性。

（2）关系

在企业与客户的关系发生了本质性变化的市场环境中，抢占市场的关键已转变为与顾客建立长期而稳固的关系，与此相适应产生五个转向变化：①从以一次性交易为目的转变为以建立友好的合作关系为目的。②从重视眼前的利益转变为重视长远的利益。③从顾客被动地接受企业各种产品转变为顾客主动地参与到企业产品的设计与生产中。④从相互的利益竞争转变为双方合作实现共赢。⑤从单纯的营销管理转变为企业与顾客之间的良性互动。

（3）反应

在当下市场环境中，对于企业而言，最重要的不是对企业的生产与销售进行控制、制订和实施计划，而是如何站在顾客的角度倾听顾客的需求，进而做出反应满足顾客的需求。这种情况下，企业的反应速度就显得尤为重要，反应机制越完善的企业所能够生产的产品与顾客的需求也就越契合，对顾客的吸引力也就越大。例如在销售同类产品时，如果一家企业能够最快地对顾客的抱怨做出反应，那么这家企业就会在激烈的竞争中获得顾客的认可，从而占领先机，取得竞争优势。

（4）回报

任何交易与合作关系的巩固和发展，对于双方主体而言，都是一个经济利益问题，因此，一定的合理回报既是正确处理营销活动中各种矛盾的出发点，也是营销的落脚点。对于企业来说，营销的真正价值在于其为企业带来短期或长期的收入和利润的能力。一方面，追求回报是营销发展的动力；另一方面，回报是企业从事营销活动，满足顾客价值需求和其他相关主体利益要求的必然结果。企业若满足顾客需求，为顾客提供价值，顾客必然给予货币、信任、支持、赞誉、忠诚与合作等物质和精神的回报，而最终又必然会归结到企业利润上。

二、旅游服务的特征

由于服务是构成旅游客体的主要要素，旅游企业及其营销人员必须首先关注旅游服务的一些基本特征。

（一）无形性

与那些能够看得见、摸得着的产品不同，服务从本质上来说是一个抽象的概念，顾客在购买之前是无法切实地感知服务的。例如在坐上飞机之前，顾客虽然进行了消费，但是对于飞行服务却没有一个明确的感知，哪怕是在坐上飞机后，顾客唯一能够感知到的就是自己的出行需求得到了满足，但是满足的质量如何却无法进行判断。再比如住宿，顾客肯定无法将自身所住的客房随身携带，事实上，顾客并不拥有客房的权利，拥有的只是客房空间和物品的使用权，在消费结束之后，顾客所获得的除了一张收据之外别无所有。

（二）不可分割性

从旅游的角度来看，旅游服务中，服务者与顾客绝大部分是同时在场的，两者具有不可分割的特性。值得注意的是，这里的服务者并不局限于"人"，而是各种服务设施。例如顾客在享受游乐园的服务时，只有亲自前往游乐园才能够享受这种服务，这个时候顾客与服务者是同时在场的。

服务的不可分割性意味着顾客是产品的一部分。比如，一对夫妇选择一家饭店就餐，可能是因为那里雅静而浪漫，但倘若一个吵吵嚷嚷的会议团队也坐在同一个大厅就餐，这对夫妇就会大失所望。因此，管理人员必须对顾客加以管理，这样才能避免他们做出令其他顾客不满的事情来。不可分割性的另一个方面是顾客和服务者必须都了解整个服务运作系统。服务的不可分割性要求旅游组织的管理人员既要管理好员工，又要管理好顾客。

（三）变动性

服务并不是一成不变的，相反，由于人是服务的主体，服务的质量也就处于时刻的变化之中。提供服务的人、服务的地点与时间等都会对服务造成一定的干扰。导致这种现象的原因在于服务产品提供与生产同时进行，服务者与顾客的不可分割性决定了服务是现场生产、现场使用的，固然服务技巧能够在一定程度上提高服务质量，但是顾客本身的差异，如知识水平、兴趣爱好等，也会对服务产生一定的影响。例如，在同一个景点，拥有同一个导游，有的顾客乘兴而返，而有的顾客却败兴而归，出现这种现象的原因不在于服务者本身，而在于游客的需求使实际供给出现了偏差。

服务的变动性特点所带来的一个直接后果就是旅游服务出现"形象混淆"，从而导致旅游产业中顾客投诉现象屡见不鲜。例如，同一个旅行社通过两家不同的分社来向顾客提供服务，可能出现一家分社的服务质量明显高于另一家，这种情况下服务好的那家分社的顾客就会对旅行社产生好感，而服务差的那家分社的顾客则会认为旅行社服务质量较差，这也是网络上大部分旅行社评价好坏不一的根本原因。

（四）不可贮存性

由于旅游服务产品的无形性和生产与消费的不可分割性特征，旅游服务产品也具有不可贮存性特点，即旅游产品并不能够如同各种工业产品一样事先生产贮存起来，在未来紧需的时候再进行销售。当然，服务产品虽然不能提前生产，但是服务产品的生产设施——服务设施却是可以预先准备好的。例如一家宾馆共有 100 间客房，这种情况下哪怕顾客再多，宾馆所能够提供的服务产品也不会超出 100 间客房。而顾客再少，宾馆也不能将没有销售出去的客房储存起来次日销售。对于旅游业而言，旅游服务产品的不可贮存性特点所带来的一个直接后果就是旅游市场极易出现供需不平衡问题。例如在旅游旺季时，旅游服务产品往往供不应求，但是服务者却没有办法生产更多的产品。而在旅游淡季时，旅游服务产品往往供大于求，服务者只能够面对损失，因此如何处理旅游市场的供需弹性波动也是一个极为重要的问题。

（五）缺乏所有权

缺乏所有权指的就是在生产和消费的过程中，旅游服务产品不涉及任何的所有权转移，这也是旅游服务产品的无形性和不可贮存性特征所决定的。正是由于旅游产品的无形性与不可贮存性，顾客事实上并没有对产品产生实质性的拥有。以乘坐飞机为例,顾客虽然能够通过乘坐飞机从一个地方飞往另一个地方,但是在这一过程中,顾客除了手中的机票和登机牌之外,并没有拥有任何东西,如此自然不会产生所有权。

对于旅游业而言,所有权的缺失所带来的后果就是顾客在购买旅游产品时往往会感受到较大的风险,虽然说服务者一再地对产品进行宣传,但是对于顾客而言,由于无法直接感知这些产品,因此风险相对较大。这种情况下如何帮助顾客克服这种心理就是营销人员所要面对的第一个问题,目前比较普遍的做法是通过会员制度来维持顾客和企业的关系,使得顾客在心理上觉得自己拥有了所有权,即拥有企业所提供的各种服务。

三、旅游营销的内涵

旅游营销是营销的一个分支,它具有营销的一般内涵,但是却不能将旅游营销与一般的营销活动简单地等同起来。对于旅游营销可以这样进行界定:旅游营销指的是旅游企业或者个人为了实现经营目标,对思想、产品和服务的构思、定价、促销和分销的计划和执行的管理过程。

从上述概念中可知,旅游营销具有三层含义:

第一,旅游营销是以交换为中心,以旅游者需求为导向,以此来协调各种旅游经济活动,力求通过提供有形产品和无形服务使游客满意来实现旅游企业的经济和社会目标。

第二,旅游营销是一个动态过程,包括分析、计划、执行、反馈和控制,更多地体现旅游企业的管理功能,旅游营销是对营销资源(诸如人、财、物、时间、空间、信息等资源)的管理。

第三,旅游营销适用范围较广。一方面体现在旅游营销的主体广,包括所有旅游产品供给组织或企业;另一方面旅游营销的客体也很多,不仅包括对有形实物的营销,更包括对无形服务的营销,以及旅游企业由此而发生的一系列经营行为。

第二节　现行乡村旅游营销方式

一、价格营销

价格营销是一种最为常见的营销方式，被广泛地应用于乡村旅游营销中，主要是通过产品的定价策略表现出来的。本书在此对国内乡村旅游一些常见的产品定价策略进行简单的介绍。

（一）新产品定价策略

新产品的定价是旅游营销的一个十分重要的问题，新产品定价策略是旅游企业常用的一种价格营销策略。一般来说，旅游企业在对新产品定价时大多采用以下两种定价策略，以获得竞争优势。

1. 撇脂定价策略

所谓撇脂原意指的是在鲜奶上撇取乳酪，取得鲜奶的精华。而用在产品定价上，撇脂定价策略则主要指的是利用产品当时没有竞争对手的优势来提高产品的价格。这种定价方式虽然与传统的降价促销有着巨大的差别，但是毫无疑问也是一种价格营销策略，原因在于两个方面：一个是对于消费者而言，"便宜没好货"的观念已经深入人心，同时市场上有没有同类产品可供比较，这种情况下价格较高反而更容易获得消费者的认可；另一个则是撇脂定价策略更有利于后期的促销活动，巨大的折扣等促销手段并不会影响企业的经济效益。

2. 渗透定价策略

渗透定价策略指的就是以低于预期价格的价格将产品投入市场中，简单地说就是以低于市场价的价格来销售产品，这种定价方式往往用于市场上同类产品众多的环境下。渗透定价策略从本质上说就是一种低价营销方式，它能够更快地帮助企业产品获得市场的认可，从而打开销路，提高产品的市场占有率。

对于新产品而言，以上两种定价方式各有优势。在确定定价策略时，企业需要充分考虑以下几个因素：

第一，新产品的供应能力。如果企业的人力、物力、财力较为充足，能够保证市场上产品的供应，那么可以采用渗透定价策略；反之，如果企业的生产能力有限，那么应当选择撇脂定价策略。

第二，竞争对手的状况。如果企业的产品在进入市场时没有竞争对手，并且企业能够保证自身产品的专业壁垒较高的话，那么撇脂定价策略是一个良好的选择；如果企业的产品在市场上已经有诸多的同类产品，那么应当选择渗透定价策略。

第三，新产品的市场需求前景。如果新产品的市场需求前景较为广阔，那么企业可以采用渗透定价策略，通过薄利多销的方式来获得收益；反之，如果现产品只适用部分特殊群体，那么撇脂定价策略则是最为理想的选择。

(二) 折扣策略

折扣策略指的是旅游企业为了扩大市场占有率，采用打折的方式来鼓励游客积极地购买旅游产品。目前乡村旅游的折扣营销策略主要有以下四种。

1. 数量折扣

顾名思义，数量折扣指的就是购买的产品数量越多，折扣也就越大。而数量折扣又可以细分为累积数量折扣，即根据长期购买的次数来获得不同的折扣优惠；一次性数量折扣，即在一次性购买相应数量的产品时能够获得折扣优惠。乡村旅游企业目前主要采用的是一次性数量折扣营销方式，原因在于虽然累积数量折扣更有利于乡村旅游企业的发展，但是由于企业已经在乡村旅游的基础设施上投入了大量的财力，因此急需回笼资金。而乡村旅游有相当一部分是以家庭的方式出游，因此一次性数量折扣并不会受到冷落。当然，也有部分乡村旅游企业通过"会员"的方式来为游客提供折扣，即游客通过企业进行了多少次旅游之后能够享受一定的折扣优惠。

2. 同业折扣和佣金

同业折扣是旅游企业给予旅游批发商和零售商的折扣。例如：加强与旅行社的合作是饭店营销工作的重要内容。饭店给予旅行社的折扣和佣金数量是旅行社是否向饭店介绍客人的重要因素，"十六免一"是目前通行的做法。

3. 季节折扣

正如前文所论述的，乡村旅游是一个季节性较强的产业，在收获季节或者节假日，乡村旅游常常人满为患，但是在农闲季节或者工作日，乡村旅游对于游客的吸引力就会迅速下降，这种情况下乡村旅游企业就会通过季节折扣的方式来鼓励游客购买旅游产品。例如在旅游淡季，乡村旅游景点的门票、住宿等价格都会打折等。

4. 现金折扣

现金折扣指的是一种预付款折扣，即游客如果选择提前付款，那么就会享受一定的折扣优惠。对于乡村旅游企业而言，已经选择付款的游客毫无疑问是确定旅游的，而那些没有付款的游客仍旧存在一定的变数，放弃旅游也是常有之事，因此企业会对那些提前付款的游客提供相应的折扣，以此来稳定游客群体。

(三) 心理定价策略

心理定价策略就是根据顾客的消费心理，通过定价来刺激他们购买某项旅游产品的积极性。该策略主要包括尾数定价策略和声望定价策略。

1. 尾数定价策略

尾数定价指的是利用顾客喜欢价格便宜，对价格上升幅度较大的产品难以接受的心理进行定价。尾数定价策略被广泛地应用于营销活动中，乡村旅游也不例外，在实践中人们可以发现很多乡村旅游产品的价格都带有尾数，例如农家乐一日游98元，乡村野菜9.8元一斤等，这种价格事实上与100元、10元的差距并不是很大，但是对于游客而言，98是两位数定价，而100则是三位数定价，因此对于98的定价更为认可。值得注意的是，一些比较知名，以高消费群体为主要客源的乡村旅游企业则不会采用这种定价方式，原因在于对于高消费群体而言，带有尾数的价格本身就是产品质量较低的体现。

2. 声望定价策略

声望定价策略就是利用名牌战略效应吸引旅游者消费。名牌产品价格适当高于一般产品价格，客人也可以接受。如客人经常把客房价格看作是客房质量的反映，也有的客人把购买高价客房作为提高自己声望的一种手段。据此，饭店应有意识、有限度地提高客房价格。

运用声望定价策略应注意以下原则：

第一，要寻找以购买高价产品来提高自己声望的目标市场。

第二，低价产品最低不能低于客人所愿意支付的最低价格。

第三，当代和历史名人曾消费过或居住过的产品和地方，也可采用声望定价策略。

二、广告营销

广告一直以来都是一种十分有效的营销手段，尤其在信息交流日益便利的今天，广告对于企业而言更为重要，好的广告能够拉近企业与顾客之间的距离，帮助企业更为迅速地占领市场。一般来说，广告营销主要是沿着以下四大步骤进行的。

（一）确定广告目标

如同其他的营销活动一样，广告营销首先要做的就是确定广告目标。一般来说，广告目标与企业的整体发展目标是一致的。选定何种广告目标极大地影响着广告所需的经费和设计的内容。例如，一个老牌的乡村旅游产品名气很大，在社会上已获得认可，只要制订一个维持性计划，使用少量维持性经费就足够了。但是，如果是在一个特殊的地方向陌生的公众介绍一个全新的乡村旅游产品，原来的广告计划与预算显然就不合适了。

（二）确定旅游广告的内容

乡村旅游广告的根本目的是帮助潜在游客更好地了解乡村旅游产品，鼓励游客购买该产品。因此，乡村旅游广告必须在广告中向游客介绍乡村旅游产品的特性、购买价格、购买方式、购买地点等内容。

第一，向游客介绍乡村旅游产品的特性。目前市场上乡村旅游产品众多，如果一种乡村旅游产品不具有特性，那么是很难吸引游客的，因此乡村旅游广告大多是将产品的特性作为着眼点。

第二，向游客介绍乡村旅游产品的价格。对于游客而言，质优价廉是最为理想的选择，在选择乡村旅游产品时，除了产品的质量之外，价格也是游客关注的重点，因此乡村旅游产品必须在广告中明确地给出报价，供游客参考。

第三，说明乡村旅游产品的购买地点、购买电话等。这是保证游客产生购买欲望之后能够顺利购买产品的重要保障。

第四，宣传乡村旅游企业的发展历史和发展规模。与游客维持长期的关系是现代乡村旅游营销的重心，而宣传企业历史和规模能够提高游客对企业的认同感。

（三）旅游广告设计的基本要求

广告的主题确定之后，还要考虑怎样将这些内容表现出来，即解决一个"怎么说"的问题，这就是广告设计的任务。在大多数情况下，人们对广告的阅读和欣赏，不是自觉追求，而是偶然接触，因此广告设计存在着特殊的要求，主要是简洁性、创新性和美感性。

1. 简洁性

播放时间与刊登篇幅的限制使得广告不能够进行长期的解说，这种情况下如果广告的内容十分庞杂，那么很难让消费者从中发现有价值的信息，如此一来广告效果自然会大打折扣。因此，乡村旅游广告必须有一个统一的主题，然后围绕这一主题运用简洁的语言来加深消费者的印象。

2. 创新性

广告的活力在于创新，新颖的广告方式与广告内容总能够吸引大量的目光。对于乡村旅游广告而言，也必须尽可能地避免使用一些陈腐用语，以免让消费者反感。在进行广告设计时，企业要采用那些有吸引力、有鼓动性、互动性较强的广告方式和广告内容。

3. 美感性

广告创作是一种艺术活动，因此必须遵循美学的要求，用形象的语言、巧妙的构思、诱人的情趣，集中将产品特性表现出来，激起旅游者浓厚兴趣，产生强烈的购买欲望。因此，一个广告画面的质感、美感和意境的追求常常需要创作者花费辛勤劳动，同时又要具有很高的艺术修养和渊博的知识，才能将形式和内容完整地统一起来。这对于旅游景点广告的设计来说更为重要。

(四) 旅游广告媒体

1. 旅游宣传印刷品

旅游宣传印刷品是当前旅游广告营销中使用最为广泛的一种方式。虽然与网络营销、新媒体营销相比，旅游宣传印刷品营销的传播速度较慢，但是在实践中很多旅游企业发现，由于旅游印刷品图文并茂、精美大方，消费者会选择长期保留旅游印刷品，这些印刷品能够在潜移默化中对游客产生影响。

旅游宣传印刷品指的就是由国家或者旅游地区的管理部门、当地主管部门、旅游企业制作的用于旅游宣传、提供信息、消遣娱乐的旅游产品说明书。一般来说，旅游宣传印刷品大致由产品说明书、产品目录集、产品价格表、赠品等组成，样式新颖大方，对于游客而言完全可以作为旅途的消遣用品，因此很多游客会主动地将宣传印刷品保留下来。

具体而言，旅游宣传印刷品大致可以分为三种类型：第一种是信息类宣传印刷品。这类印刷品以向游客和中间商提供相关信息为主要目的，虽然娱乐性较低，但是实用价值较高，例如旅行指南、旅行手册、旅游路线图、列车航班表等。第二种是促销类宣传印刷品，即以促销宣传为主要目的的印刷品,例如饭店的宣传册、旅游报价表等。第三种是赠品类宣传印刷品,即向游客赠送一些东西,提高游客对景区的认同感,例如以景区景观为主题的明信片、挂历、信封等。

旅游宣传印刷品的制作涉及文字设计、图案设计和整体效果设计三个方面。

(1) 文字设计

一直以来,文字都是传播信息的主要途径。乡村旅游宣传印刷品的文字信息主要由标题和正文组成,其中标题要能够突出乡村旅游的特点,加深读者的第一印象,而正文一方面要客观地对乡村旅游内容进行描述,另一方面也要将乡村旅游的特点表达出来,只有这样才能够对读者产生吸引力,促使读者生出乡村旅游的想法。

(2) 图案设计

图案是乡村旅游印刷宣传品最生动、最形象的部分,对于读者而言,图案所带来的感受更为直观。但是随着图像处理技术的发展,图案对于读者的吸引力越来越弱,在读者眼中,越好的图案反而意味着越不真实,这种情况下乡村旅游宣传印刷品的制作应当与文字结合起来,作为文字的辅助工具而存在,避免使用大量的虚假图品,而以真实的景观图案获得读者的信赖。

(3) 整体效果设计

整体效果指的是在乡村旅游宣传印刷品设计中要处理好图案与文字的关系,保证两者的协调统一,突出乡村旅游的主题。

2. 出版物

出版物在这里主要指报纸和杂志。

(1) 报纸

报纸和人们的生活密切相关,因而是广告媒体中一种有效的宣传工具。报纸有很多优点:①普及面广,宣传覆盖面大;②及时灵活;③给人印象较深,容易查阅;④可以利用报纸的威信,提高读者对广告宣传的信赖程度;⑤价格低廉。其局限性是:①时效短;②报纸内容庞杂,容易分散读者对广告的注意力；③感染力差，质量不精美，不能很好体现旅游产品特色。

（2）杂志

杂志分门别类，阅读对象比较稳定。杂志作为广告媒体的优点有：①针对性较强，易于选择广告对象；②时效较长，重复使用，传阅范围广，便于保存；③印刷质量好，可提供精美图画。杂志的局限性是：灵活性较差、不及时和范围小。

3．广播电视

（1）广播

广播作为广告媒体的优点是：①迅速及时；②覆盖面广；③具有一定的强迫性。广播的局限性是：时效性差，易遗忘，对产品的表现力差。

（2）电视

电视将活动画面和音响效果结合在一起，形、色、音互相配合，因而能产生强烈的效果。其优点很多，主要有：①覆盖面大，为广大观众喜闻乐见；②能综合利用各种艺术形式，效果好；③表现手段灵活多样，可以从各方面表现产品的特色。其缺点主要是费用昂贵。

4．户外媒体

户外媒体主要指的是广告栏、招牌、霓虹灯等媒体。这种广告营销方式事实上在旅游业中并不是很常见，一般来说只有在旅游景点所在的地区才会使用一些这种广告方式，原因在于两个方面：一个是这种广告方式的费用往往较高，旅游企业花费同样的代价能够通过其他广告方式取得更好的效果；另一个就是户外广告究竟在消费群体中起到多大的作用是很难界定的。当然，这种广告在特殊的情况下也具有极高的价值，例如游客在旅游景区找不到住宿宾馆，这个时候霓虹灯等户外广告的价值就凸显出来。

三、人员推销

人员推销是一种最为古老的营销方法，它主要是通过销售人员与消费者的直接沟通来完成销售目标的。就乡村旅游而言，当前乡村旅游的人员推销主要是在企业的消费部，通过销售部的工作人员，借助电话、微信等工具来完成的。

（一）人员推销的意义

第一，推销人员与消费者直接接触，因此人员推销的灵活性较之其他营销方式更为灵活。在实践操作中，推销人员可以随机应变，既能够根据消费者的实际需求采取针对性的协调措施，也能够避免其他营销方式对消费者造成不良影响，避免消费者出现抱怨情绪。

第二，与其他营销方式相比，人员推销的无效劳动比较少，即人员推销活动往往会取得一定的收获，属于针对性营销；而其他营销方式则属于"撒网式"营销。

第三，在推销的过程中，推销人员能够及时抓住时机促使消费者购买产品，而其他营销方式只能激发消费者的购买欲望，但是是否真正地购买了产品仍待商榷。

第四，在推销的过程中，推销人员可以不断地收集资料，了解消费者的现实消费需求以及潜在需求，这对于企业开发后续产品有着十分重要的意义。

当然，人员推销的缺陷也是不容忽视的，一方面，人员推销对于人力、财力的要求较高，人员推销的顺利进行是建立在大量优秀销售人才的基础之上的，这就意味着企业需要投入巨大的资金；另一方面，优秀的销售人员是很难寻找的，而普通的销售人员在推销中能够取得的成效又十分有限。

（二）推销人员的任务

对于乡村旅游而言，推销人员的工作重心并不在于挨家挨户地推销乡村旅游企业的现有旅游产品，而是肩负着更加重要的职责。

第一，推销人员肩负着探寻市场发展的职责。在推销中，推销人员需要积极地寻找更多乡村旅游的潜在消费群体，以及现有消费群体的未来消费趋势。

第二,推销人员肩负着传递乡村旅游产品信息的职责。优秀的推销人员数量较少,普通的推销人员其实主要承担的是向现有或者潜在客户传递乡村旅游产品信息的职责。

第三,销售产品的职责。推销人员在推销的过程中能够将乡村旅游产品顺利地销售出去是最好的结果。

第四,向游客提供各种服务,即在推销的过程中根据游客的实际需求提供针对性的服务,例如帮助游客安排航班,列车、住宿等。

(三)推销人员的选择

人员推销这种营销方式能够取得的成效完全由推销人员的职业素养所决定,因此在选拔推销人员时就需要注意推销人员的各方面素质,主要包括以下三个方面:一是基础知识素养。推销人员不仅要熟悉各种旅游业务,更要具有一定的知识广度,这是推销人员与消费者进行顺利沟通的重要保障。二是语言素养。推销人员要具有一定的说话艺术,负责进行国际营销的推销人员更要至少掌握一门外语。三是反应灵敏。推销人员要具备一定的随机应变能力,只有这样才能够及时处理推销中的各种意外问题。当然,作风正派、有责任心等也是推销人员必备的素养。

(四)推销人员的培训

乡村旅游是我国近年来逐步兴起的一种旅游产业类型,虽然说很多乡村旅游企业采取了人员推销这种营销方式,但事实上,很多推销人员对于乡村旅游这种产业类型并不是很熟悉。因此,在推销人员进入工作岗位之前,乡村旅游企业应当投入一定的资金来对推销人员进行专业培训,这样才能够保证后续的推销活动取得更好的效果。

(五)推销人员的组织

乡村旅游企业推销人员的定编要根据旅游企业的规模而定,还要注意推销人员的业务熟悉程度。为了充分发挥推销员的作用,还必须进行合理组织。乡村旅游企业的销售组织结构可分为以下三种。

1. 地区结构式

地区结构式即每个或每组推销员负责一定地区的推销业务。这种形式的优点包括：一是责任明确，便于考核；二是推销员活动范围小，相对节约了费用。但是，它只适合于较类似的市场，如果一个地区市场差异很大，推销员就难以全面、深入地了解和把握目标市场客户各方面的情况，从而影响推销成效。

2. 客户结构式

客户结构式即根据客户的特点、行为和分销渠道等的不同分别配备推销人员。这种方式可以加强对客户的了解，增强相互之间的联系。这种结构在饭店营销部门最为常见。

3. 产品结构式

产品结构式即一人或一组专门负责一种或几种产品的推销，如旅行社的各条线路分别配置推销员，这种方式有利于推销员利用专业知识去争取客户。

四、营业推广

(一) 营业推广的概念

营业推广是指除了人员推销、广告和公共关系以外的刺激消费者购买和经销商效益的各种企业市场营销活动。如陈列、展出与展览、表演和许多非常规、非经常性的销售尝试。可见，营业推广是除了人员推销、广告和宣传报道外，在短期内刺激消费者和经销商的一种促销措施。它具有针对性强、非连续性和灵活多样的特点。采用营业推广，为消费者和经销商提供特殊的购买条件、额外的赠品和优惠的价格，对消费者和经销商都会产生一定的吸引力，因此在短期内对于开拓市场、争取客户和进行市场竞争有很大作用。

(二) 营业推广的方式

对于乡村旅游而言，营业推广的方式主要有以下三种类型：

第一，直接面对游客的营业推广。这种营业推广方式的优点在于能够直接地向游客传递产品信息，激发游客的购买欲望。比较常见的对游客的营业推广方式：有奖销售、赠送纪念品、优惠折扣等。

第二，面对中间商的推广销售。这种营销推广方式的主要目的在于与中间商达成协议，从而提高中间商的宣传销售积极性，例如，联合进行广告宣传、联合举办展览会等。

第三，针对推销人员的营业推广方式，即采用各种激励手段来提高推销人员的积极性，例如利润提成、行业竞赛等。

第四章　乡村旅游发展路径创新

第一节　乡村旅游与乡土文化融合

一、乡村旅游与乡土文化的保护

我国农耕文明历史悠久，在历史进程中形成的传统村落成为传统农耕文明的载体，而其中蕴含的乡村文化更是农耕文明的灵魂，这两者关系密切并融为一体。对于传统村落和乡村文化保护，常称其为传统村落文化保护，以强调传统村落和乡村文化保护的一体与融合发展。

（一）传统村落与乡村文化

传统村落是形成较早的村落，有着传统文化与丰厚的乡土积淀，这里代表着古代农业文明和古人文环境理念，是有着历史与文化价值的村落。它是农耕文明的遗存，是古代生产生活的充分体现。传统村落有着丰富的乡村文化，是我国民族传统文化的根基，承载着民族文化的精神内涵，凸显着传统村落的重要价值。传统村落作为乡村文化的代表，文化积淀丰厚，是复兴传统文化的依托，如今全体国民共同关注着传统村落文化的保护。

（二）传统村落文化的保护意义所在

传统村落在农耕时代慢慢形成，是国人精神的寄托，承载着国人的历史记忆，有着重要的历史意义和现实价值。其价值体现在以下几个方面。

1. 传统村落有文化传承价值

千年农耕文明发展史中形成的传统村落，有着丰富的传统乡村文化。其承载着民族精神,是民族发展的基石和养分,也是历史文化传承的主要内容。

2. 传统村落可以增加民族凝聚力,是民族精神的依托

传统农村通过家庭连接,村落成为文化传承的载体,它把民族的各个阶段衔接起来。天然村落的文化与追求凝聚着极强的民族力量,是我国社会发展的精神动力。传统村落也成为当代走向城市的农民的重要精神依托,还是飘游海外的华人华侨的重要文化记忆。

3. 当代农村的发展可以借鉴传统村落,并有着重要的意义

传统村落中人与自然融洽相处的生态发展观是古人的智慧所在,也是民族和谐、包容的价值观的代表,具有给当代农村生态发展与乡村建设提供借鉴的功能。

4. 传统村落中的乡村文化,对农村秩序的维护和居民行为的规范有着重要意义

古代社会的生产生活因环境而受限,家庭文化的建立,对村落稳定、村民关系、生产秩序等方面的发展都有很大的作用,是如今农村治理可借鉴的最好方法。

5. 认同传统村落乡村文化可以激发居民文化自信,是推动乡村建设的原动力

传统村落所培养的文化信仰,是当代精神文明建设的重要支撑。二元城乡的到来,造成了乡村文化的危机。但不论村落变迁还是发展,关于乡村文化记忆始终都是农村发展的精神力量,是激发居民奋发建设现代化新农村的精神力量。

(三) 基于乡村旅游发展的"活化"保护

传统村落文化保护是农村整体建构,它是文化生态工程,而非简单地保护古建筑或扶持一种手工艺或培养非物质文化传承人便可实现的。虽然这些举措必不可少,但要让传统村落拥有生命力,就要与乡村文化共生,打造和培育传统乡村文化,共建生态环境,在传统村落形成生态文化场所,从而创新和发展。旅游文化消费与游客乡村生态文化消费都

是对乡村文化复兴的一种刺激，有着牵引的作用，有利于让乡村旅游文化推动传统村落与乡土文化的重生。

1. 乡村旅游产业化

社会发展进步的同时也会淘汰一些旧文化，将新文化显现出来，这是自然规律，也是人类进步的表现，当然传统村落和乡村文化也不例外，都要经历发展与变迁。我国农耕时代较漫长，具有典型的农耕文明特征，它的表现形式和内容都与传统农业生产生活相关联。随着人类的发展与进步，现代农业取代了传统农耕形式，城市发展成为人类活动的中心。农村生产生活也发生了变化，传统村落和乡村文化的去向成为社会讨论与思考的话题。但我们应该认识到，现代农业的生产方式虽然发生了重大变革，农业技术取得了重大进步，但并未改变其农业经济的本质，传统村落与乡村文化延续、传承与发展的基础依然存在。新时代的到来，使传统村落和乡村文化必须解除束缚，离开城乡文化的阴影自我发展，利用自身优势提高条件，这是传统村落和乡村文化得以保护的重要之处。

旅游业是可利用的手段，能把城镇现代化功能结合于传统村落与乡村文化之中，让旅游业与它们的结合变成可能。旅游的开展当然离不开社区的城镇化，乡村旅游不是让游客脱离城市生产，而是让他们在短期内回归农村体验传统生活，把传统乡村的文化记忆找寻回来。而农村现代化一直是居民所追求的生活方式，因此也可以对传统村落文化进行保护，让旅游推动与引领农村持续发展。

2. 旅游与乡村文化的结合

在新时代的引领下，传统村落和乡村文化慢慢走向了衰弱，城市取代了乡村，但这并不代表传统村落与乡村文化就失去了发展的空间。我国是农业大国，农村人口众多，乡村文化依然是现代文化建构的重要内容。农业现代化脱离不了农业，而农村也还是农村，乡村文化只不过是农村发展的一种依赖。新时代的乡村要不受城市的影响做回自己，在城市中汲取营养再回归到现实理性之中。但是，在之前的很长一段时间里，我国的新农村建设只是简单地模仿城镇，照搬照抄城镇建设模式，对农村进行城镇化改造，盲目追求城镇的空间扩张与规模扩大，导致大量传统村落消失，农村社会文化遭到重大破坏。这样的脱离农村与乡村文化的传统做法无法保证乡村文化特色，无法使乡村成为宜居之处。宜居乡村需要农业现代化作为基础，让经济持续发展，提升整体发展力，提高人们的生活水平，带动乡村复兴，让农村变得更加有魅力，让美丽乡村的梦想变为现实。

在我国，乡村旅游发展越来越快，越来越好，此时传统村落与乡村文化是最好且最重要的资源依托，有大量的游客被吸引到农村参与旅游活动，因此，旅游成了农村经济发展最重要的推动力量。而传统村落和乡村文化保护是其发展的要求，乡村旅游的目的就是让人们回归乡村，追寻乡村文化与农事体验。所以，只有保护好传统村落与乡村文化才可以保证乡村旅游顺利开展。在此情况下，被保存好的传统村落迎来了发展机遇，居民懂得了家中房子与老物件的价值所在，同时也让居民对传统文化增强了保护意识。所以说，旅游是这些文化的保护推力，乡村旅游中文化展演就是传统文化宣传教育形式，能让人们认识到文化的意义与价值，从而能参与对其的保护，同时，在文化展演中，居民所具备的文化习得会相互传递。这一形式契合时代又传播文化，利于形成新乡村文化风尚，因此会诞生新的传统精神乡村文化。

3. 乡村文化的认同和现代化进程

当前，乡村旅游是保护乡村文化的有力手段，能够提升居民文化认同感。农村居民通过乡村文化的习得与展演，增加了对传统乡村文化精神的认知，可以收获文化自信与自豪，强化身份认同，这为传统村落与乡村文化的保护与发展提供了重要的内源性动力。所以，旅游业可以为传统村落建设和文化传承提供新的路径。

过往经验提醒人们发展乡村旅游时对于传统村落的开发需谨慎，应以复兴乡村文化为初衷，形成历史责任感。传统村落建设与乡村文化传承的关键是要恢复乡村记忆，重新建构农村居民适应于现代农业生产、生活的思维方式、生活习惯及价值观念，而恰当的旅游发展模式可以推进乡村记忆的重构，为乡村文化的保护与传承及乡村文化认同的重建提供动力。

二、乡土文化传承下乡村旅游的可持续发展路径

乡土文化和乡村旅游，二者的发展是相互促进的，只有两者进行充分互动，才能实现乡村振兴。但乡村要产生吸引力，无论是对内部村民来说，还是对外来投资者、旅游者来说，文化是最根本的要素。乡村旅游可持续发展的意义：一方面，带动当地文化的持续发展；另一方面，乡村旅游在当地地位极高，是推进城乡一体化建设的动力。在乡村旅游发展中，乡土文化得到了传承才能让乡村旅游持续发展。所以要发展乡村旅游，就要深入挖掘乡村文化内涵，赋予乡村灵魂，通过文化促进乡村的复兴与繁荣。挖掘当地独特的文化内涵，首先，挖掘村民原汁原味的生产生活方式。村庄的历史、民俗当中，都隐藏着乡村独有的历史文化积淀，这些同样是乡村旅游的"富矿"。其次，将乡村旅游与特色文化相结合，打造出更丰富的旅游产品，进一步拓展旅游发展空间。近年来，各地围绕乡村文化做文章，取得了明显成效。如天津市宝城区通过挖掘地方渔业、非遗等文化资源，形成40余个特色鲜明的旅游村，推动当地旅游红红火火；浙江省杭州市淳安县宋村乡依托山水景观和渔家文化，带动了当地精品民宿和集沙滩嬉水、自助烧烤、农事体验、民俗摄影采风于一体的特色旅游发展。最后，留住乡村之"魂"，赋予乡村更多的文化内涵，才能赋予乡村旅游更多魅力。具体来说，乡村旅游的可持续发展可以从以下几个方面入手。

（一）发掘乡土民情，弘扬乡土文化

乡土文化如何渗透于乡村旅游之中，成为当前的重要问题。乡土文化应以当地特色文化为指导方针，突出乡土气息，并在开发中得以展现。乡村饮食风俗、婚俗民情、节日庆典等活动都有着丰厚的乡土色彩，这些资源对乡村旅游可持续的发展有着巨大的推力。

(二)重视乡土文化开发和保护

政府要以特色文化为铺垫,结合科学发展理念,制定乡土文化开发策略,结合对当地乡土文化资源的评估和调查,将传统乡土文化融入总规划中。此外,要脱离城市的影响,以当地发展为目的,以乡土文化显示出乡村旅游的性质。

(三)居民应重视乡土文化的重要性

乡土文化作为乡村旅游的灵魂,在乡村旅游中有着独一无二的作用。因此,居民应借助乡村旅游的发展来提升当地知名度,同时增加自己的优越感,重新认识乡土文化的意义;按现代媒介宣传,以居民为主进行乡土文化的普及,促进居民提供体验活动。居民是乡土文化创造者,也是保护者。居民应确立自身价值,明确乡土文化的重要性,要将保护义务和责任附加在自己身上,在乡村旅游发展中,要积极参与乡土文化的保护之中。

三、乡村旅游与乡土文化融合的出路

(一)深度挖掘文化在乡村旅游中的内涵与价值

乡土文化是中国历史的根,作为乡村文化旅游发展的理论支持,发挥着文化传承的重要功能。在城市高速发展的同时,乡村依旧坚守着中国传统文化的本真,通过"故乡"与"乡土"的情愫维系着中国人的思想寄托。乡村文化的传承是中华民族文化自信与文化认同的体现,不仅仅是对乡村遗址遗迹的保护与文化遗产的继承,更是依托于乡土文化与民族文化对仁爱和谐、天人合一思想的传承。除了乡村中的建筑、景观与物件这些能够直观体现乡愁情愫的实体外,乡村的文化观念与故土情怀更应在精神层面得到重视。

乡村旅游需要文化作为内涵,文化能够让旅游活动更为场景化,旅游者能够在旅游过程中探寻到活态的历史记忆与真实的乡土文化。乡村旅游的发展能够作为乡村文化传承的载体推动传统文化的保护,扩大乡土文化的展示空间,区域性的乡土文化与精神内涵将通过旅游的宣传而充满魅力。

(二) 根据文化特点确定乡村旅游主题

深入挖掘乡村文化的历史与内涵，通过对当地文化的梳理与思考，寻找符合乡村旅游主体背景的乡村旅游文化依托，让乡村旅游能够兼顾展示自然景观与田园风光、传递历史文化与乡土文化内涵、发挥民族特色与民俗风情。通过旅游视角对文化进行深入思考，形成符合当地资源禀赋背景的文化主题。后续旅游开发与建设过程中以该主题作为发展方向，通过故事将不同的旅游活动与旅游景观串联成旅游线路，旅游线路相互联系形成旅游板块，使游客在旅行过程中得到鲜活饱满的文化体验。总之，在乡村旅游发展过程中总结出独特鲜明的文化，并根据文化特点与实际情况，通过故事将旅游内容进行串联，这样可以形成难以复制的乡村旅游产品，增强乡村旅游的唯一性。

(三) 重视乡村旅游与文化融合的品牌宣传与推介

随着旅游业的发展，旅游市场竞争程度越来越强，"酒好不怕巷子深"的时代一去不复返，酒好也怕巷子深是当今及未来旅游时代的长期特征。因此，只有内容丰富特色突出的乡村旅游内容还不够，还需要创新性地宣传推介乡村独有的文化内涵。通过对当地文化特色、乡村旅游内容的宣传，让更多旅游者了解乡村文化旅游的魅力，不仅吸引来自周边及其他地区的游客，而且在颇具规模后还能够让蓬勃的乡村旅游发展成为乡村振兴故事的一个强有力的文化输出途径。

(四) 强化文化领域专业人才培养及人力资源开发

人才是乡村文化供给的内生动力，也是影响乡村旅游与文化融合发展质量的最重要因素，直接关系到最终产业融合效果。因此，为了更好地实现乡村旅游和文化的高质量融合，要积极培养和引进高层次的专业人才，提供充足的人才资源保障。一是加强高素质人才的外部引进。通过制定并实施优惠的人才引进措施，引进乡村旅游与文化融合领军人才。二是加快人才培养。政府部门积极和科研企业、旅游企业进行合作，构建良好的信息共享交流平台，依托可得性强的高校资源、科研院所，构建企业、政府和高校联合培养模式，加快"文化＋旅游"的复合型人才培养，为乡村旅游与文化融合发展提供强有力的人才支撑，从而提升旅游与文化融合的质量与效果。

（五）构建乡村振兴利益相关者的协作机制

政府助力乡村振兴，既要提供制度保障与政策引导，还应制定乡村旅游的考评体系与评价准则，通过对旅游主体的约束提高乡村旅游的品质。企业是乡村旅游发展产业延伸的重要环节，也是乡村文旅融合的推动力。农户是乡村旅游政策落地的最重要一环，作为乡村旅游的经营主体，农户是乡土文化输出的窗口。此外，乡村旅游行业协会不可替代，成熟的行业协会不仅可以起到协调各利益主体之间关系的作用，还可以通过与政府合作行使部分监督与管理职能。乡村旅游行业协会通过培训农户与当地企业，可以提高旅游经营主体的知识、技能与文化内涵，使得乡村文化旅游更加规范化。通过政府－企业－农户－协会四方利益相关者的相互协作，构建互利共赢机制，能够促进乡村旅游与文化融合，为乡村振兴奠定制度基础。

（六）发挥政府在乡村旅游与文化融合中的统筹协调作用

通过政府主导探索本土乡村文化，确定地区核心文化，丰富文化内容与内涵，拓宽文化活动与形式，体现政府在乡村振兴过程中对文化的把控能力与引导性。政府部门应在宏观层面上发挥主观能动性，对乡村旅游发展进行区域整体布局和统筹协调。倡导文化内涵先行，政府引导乡村旅游布局，避免同质化竞争，以当地文化特征作为不同乡村旅游主体的衔接点，通过科学合理的布局追求乡村旅游的区域协调发展，改变当前乡村旅游存在的主体规模小、分布零散、发展粗放等问题。

具体而言，首先，政府应加强文化基础设施建设，提高对公共文化服务的投入，实现文化站、乡村图书馆与文化广场等公共文化服务基础设施的普及。乡村公共文化服务既能够提高农村地区整体文化素养，增强农村居民文化自信，还可以为游客的旅游活动提供更多选择。其次，政府应引领地方乡土文化的探索工作，号召学者与研究者对地方文化深入研究，寻找独特的文化符号。

第二节 乡村旅游与产业融合

一、农业与旅游的融合

（一）农旅融合

农业是国民经济中的一个重要产业部门，主要是利用土地资源进行生产的产业部门，按照产业类别划分，属于第一产业。广义的农业包含范围比较广泛，主要包括种植业、渔业、林业、畜牧业及对这些行业产品进行小规模加工或者制作的副业。

农旅融合是基于产业融合的概念衍生出来的一种新型产业。总体来说，它是以第一产业农业为基础，通过旅游这一途径实现农业和旅游业的共同发展的现代观光农业。具体来说，它是以农业生产模式、农民生活方式和农村生态为要素，以自然资源和地域文化为载体，为消费者提供休闲、观光、体验等服务的旅游经营活动。农旅融合是农业与旅游产业相互交叉渗透形成的一种旅游发展的新业态和新型消费方式，它将农业资源和农业生产运用到游客体验服务上来，扩宽了农业和旅游业的产业范围，具有二者的共同属性，除了农业的季节性和地域特征及旅游的休闲和市场特征之外，还具有一些独有的特征。农旅融合涵盖了农业、林业、牧业和渔业等多个行业，融入娱乐、观光、休闲、体验等多种功能。发展休闲农业和乡村旅游不仅能为经营者带来可观的经济收益，也有效缓解了农村剩余劳动力转移和留守儿童的抚养教育等问题，实现了经济和社会的双重效益，同时为休闲旅游者提供了回到乡村休闲娱乐、放松身心的机会，从而满足了城市居民的休闲需求。

随着消费市场的转型升级，乡村旅游从观光逐渐朝着融观赏、考察、学习、体验、娱乐、购物和度假于一体的综合性方向发展。在乡村振兴的发展背景下，进一步促进农业与旅游业的深度融合发展是十分有必要的。

（二）农业与旅游融合的形态

1."种植业＋旅游"

种植业是农业生产的重要组成部分，是通过栽培各种农作物及取得植物性产品的农业生产部门。种植业是乡村农业发展的重要组成部分，农业经济作物的种植、生长过程为乡村提供了独特的农业风光，而这正是发展农业观光旅游的重要资源，与此同时，城镇化的进程使得农事活动成为城镇居民的主要体验活动。例如，中小学生可以到农村体验农事活动。

2."特色花卉＋旅游"

花卉作为特色农业，随着旅游业的发展成为花卉旅游，比较具有代表性的就是河南鄢陵。近年的农家乐迅速发展起来，鄢陵以独特的花卉优势占据一席之地。它有着鲜明特色的旅游资源，也是发展农家乐旅游形式的前提条件，虽然河南有多处知名农家乐，但多以山水为依托，如焦作云台山农家乐；也有以民俗为主，如郑州惠济农家乐；而鄢陵则以特色花木为依托，依托得天独厚的地理位置，便利的交通形成的较强的可进入性，发展成集花卉观光、休闲及采摘为一体的特色农家乐，游客可以吃、住在农家院，还可以体验农事活动，在花海中欣赏花卉的姿态，在农园中品尝果实的甘甜，农家与花乡风情融合为一体，在周边城市独树一帜，形成鲜明的特色旅游区。同时，河南省旅游开发的重点"三点一线"即洛阳、郑州、开封和黄河旅游线，和鄢陵县相距不远，旅游信息、客源、旅游交通、旅游人才等向鄢陵县的辐射和扩散，带动了鄢陵旅游业的发展。这样优势的条件，为农家乐的开发提供了良好的条件。同时，政府也对农家乐的开发提供了政策上的支持，鼓励农民积极参与其中，加大建设基础设施力度。随着休闲时代的到来，回归自然的休闲体验旅游将成为国内外旅游的新趋势。

整合转化花卉农家乐，挖掘花卉文化内涵，提高产品档次。一个旅游产品要站立于市场之上，就要确定发展目标，满足旅游者需求才可以保证市场客源维持发展。旅游者的行为可以分为3个层次，即基本层、提高层与专门层次。目前，我国大多数乡村旅游者仅停留在悦日、悦身的较低层次，而达到悦心、悦志的高层次感受较少。所以应对鄢陵农家乐开发出重点特色项目，以提高档次，满足人们悦心、悦志的要求。在花乡农家乐中开发娱乐项目，如花茶、花卉烹饪餐、干花制作等工艺作坊；在采摘农家乐中开发如樱桃、大枣采摘比赛等；还可利用当地温泉开展温泉疗养，利用古玩交易市场挖掘古玩文化等。

利用花卉季相特征开发旅游产品。鄢陵以樱桃和蜡梅为主要花卉观赏。可以在这两种植物种植时再配以夏季与秋季的观赏花卉果木，避免接待设施闲置。如种植桃树，可在春游时赏桃花，初夏时进行桃果采摘；种植桂花，在秋天时可游赏桂花等项目。以不同季节变换营造各种景观，形成特色产品，避免淡旺季的分明，减少旅游接待设施的闲置。

花卉文化结合参与式旅游，可加强旅游的感受。旅游者选择乡村，不是为了低廉的花费，而是寻找曾经失落的净化空间和尚存的传统文化氛围，他们参加农业劳动不是追求物质享受，而是追求精神享受。可以根据农家乐的目标定位开发具有花卉文化内涵的项目，重视花卉文化与参与式旅游的结合，增加娱乐项目，突出果实的采摘、烹饪花卉餐饮等体验功能活动，让游客在动手中体会花卉文化的内涵，增加旅游的感受。也可延长游玩时间，开展餐饮住宿服务提高旅游的收入。

(三) 农业与旅游融合造成的社会经济变化

1. 农业、旅游产品及服务的变化

第一，现代农业技术的不断推广，农产品规模的扩大，使农业产量不断提高，但是信息与沟通不畅就出现了产品滞销的现象，而现代农业旅游的目的就是融合现代农业与旅游业，让城市游人融入乡村，把城市产品信息带进来，把农村产品带出去，在采购农村产品时兼顾了解农产品的生产加工过程，同时将这些农业的信息带入城市之中。第二，农产品的生产和成品都是旅游农业的关键性产品，它的质量提升也是重中之重，高质量的农产品才会出现高质量的农业旅游体验。第三，开发现代农业生态旅游产品，将餐饮、采摘、休闲娱乐集于一身，形成以农村风貌为主的新型农业旅游产品，以达到整合资源、丰富产品、形成优势特色产业的目的。

2. 城市发展布局的变化

农业和旅游的融合驱动了城市发展布局的变化。产业融合常常选在城郊集合地，而此时城乡一体化让城郊结合区变成了重要的支撑地，尤其是特大城市负荷发展的状态下，为了缓解交通和土地的紧张氛围，城郊区的发展是主要的趋势。过去的城郊区没有完备的配套设施，交通状况也未得到很好的解决。此时，卫星城出现了，它有着独立的特性，建立在大型城市周边，有着完善的公共设施和住宅。现代农业旅游产业丰富了卫星城的形态，城市产业和田园可容纳大量人口的流入并解决就业问题，让城市实现自给自足。一、二、三产业的融合让区域形成了多样化发展局面，卫星城的特征就是协作生产、提升设施水平、增强独立性，最终达到生活工作平衡态势。所以，现代农业旅游将与城市建设结合，改变当前城市发展的布局。

3. 社会经济发展状态的变化

农业与旅游的融合终会带来社会经济发展状态的一系列变化。现代社会经济关键要素就是有机农业、生态旅游和低碳生活。把这些要素集合在一起的农业旅游业将在几个层面带动社会经济的发展：对于旅游业来说，可以提升其经济收入，城郊区与卫星城的农业旅游区会有大量的城市人口被引入，在田园进行体验和休憩，原生态的农业旅游会激励区域旅游相继发展并增加经济收入。对于相关产业来说，可以带动它们相继发展，专业化与分工体系是现代农业旅游的核心所在，现代农业与旅游元素在产业价值链中有着重要的作用，而与农业旅游业相关的产业也将发挥融合作用，它们的融合与整合共同形成竞争力。对区域范围来说也会促进其发展，农业与旅游属于绿色经济范畴，大部分的区域不具备工业发展的条件，它们具有丰富的旅游资源和发达的农业，而这些将是农业旅游发展的优势和特色，对区域经济起到促进作用。对区域文化来说也将会促进其的繁荣，旅游业会带来很多的文化让其进行交流，城市化的改造会提升教育的本质和公共设施资源，农业旅游会提升当地居民的素质和见识，形成区域文化的繁荣发展。

总之，现代农业转型的重要路径之一就是农业和旅游的融合发展，同时这也是旅游多元化发展的必然选择。

(四) 农业与乡村旅游融合路径

1. 创新完善农业现代化与乡村旅游融合发展体制机制，强化配套政策

理顺二者间深度融合的体制机制，是实现农业现代化与乡村旅游高层次、深领域融合和良性互动的根本保障。创新完善体制机制，应强化统一规划意识，健全第三产业和第一产业行政主管的协调机制，建立衔接机制，破除条块管理和传统僵化管理体制。在完善融合发展中，还应健全与完善相关管理体制，注重利益驱动机制；强化配套政策，重视资金与财政支持，加大资金投入以完善乡村旅游发展中基础设施建设落后的问题；加大资金投入可改变乡村旅游和农业产业融合中缺乏统一规划和科学指导的问题，以实现二者深度融合所需资金的保障，进而实现农业与乡村旅游互动可持续的发展。

2. 探索创新融合模式

乡村旅游与农业现代化深度融合属于全新的农旅项目，是新农村建设中拉动经济快速增长的重要引擎，其发展空间与潜力较大。乡村旅游与农村现代化融合具有重要的社会经济效益，在融合中应注重模式的创新，以发挥更好的作用，以拉动经济的发展。实践中二者融合模式的选择应以因地制宜、实事求是为原则，从当地经济发展需求出发探索新方法、新模式。如休闲农场模式、农业园区模式、农业休闲观光旅游模式及家庭农场模式等。

3. 发展现代农业，培育生态消费观念

我国有着丰富的乡村旅游资源，在与农业现代化融合中应重视培育生态文化的乡村旅游观念。特别是融合产品和项目方面的创新，更应突出特色农业生产的地位，改变过分突出与重视资源发展的消费观，培育生态旅游消费观念，改变传统粗放式发展模式与理念，满足人们多元化、个性化旅游的需求，提升农业现代化与产业结构的优化和调整。

总之，在对乡村旅游与农业现代化融合的探索中，虽然积累了丰富的经验，但仍有诸多问题。要实现二者真正的深度融合，就要全面审视二者融合中存在的问题，分析问题成因。实现乡村旅游与农业现代化深度的融合应全盘考量，完善体制机制、强化配套政策，探索新的融合模式，发展现代农业生产、培育生态旅游观念，以优化升级产业结构，实现乡村社会快速、良好的发展。

二、乡村生态旅游与生态养殖特色农业的融合

（一）生态养殖特色农业与乡村旅游融合的优势

生态养殖特色农业是以养殖为基础，以农业生态建设为特色的经营模式。与同样依托自然条件发展的生态旅游相比，它有更显著的经济效益。随着时代的发展与变迁，农业和旅游间的关联日趋显现，生态养殖特色农业功能突出，更可以改善生态环境质量，提供给人们多重现实的功能，让生态农业和观光旅游结合得更协调。尤其是在城市化加快和竞争日益激烈的社会背景之下，使得现代社会人群更加渴望能在优美的环境中回归自然、返璞归真，这也成了社会阶层的共同诉求之一。

农村生态养殖区比较壮观，空气也清新，先进养殖工艺与生产结合，吸引着各地游客群体。随着社会群体收入的提高、闲暇时间的增加，更多的群体选择在农村放松自己。这也让生态养殖特色农业与乡村旅游融合变得更加强烈。若将生态养殖特色农业的科技应用，养殖过程与旅游者参与相结合，开发利用农业资源、创造生态产品，既能协调农业发展、拓展空间、维护生态，又能扩大乡村游乐功能、开辟发展领域、繁荣农村经济，另外，还能形成以旅促农、以农兴旅、农旅互动的新格局，形成农村长远的发展方式。

而当前，农村发展中生态养殖特色农业与乡村旅游融合正逢时机，既成为现代农业发展的特征，又是经济增长的动力。生态养殖特色农业符合国家政策，随着农业产业化水平的不断提高，生态养殖场可以有效促进资源循环利用，通过生物技术、生态循环技术、产品深加工技术、

食物链技术、人工组装技术等，实现生产无公害的标准养殖，满足人们追求天然、无污染、无公害的安全绿色生态产品需求。对乡村旅游来说，可利用生态养殖产品发展各种餐饮、休闲等项目，展现生态养殖的魅力，为旅游者奉上视觉、味觉的双重盛宴。同时，乡村旅游又可以有效消化生态养殖特色农业的系列产品，充分节省了大量运输、销售、损耗等所需费用，这也就为养殖农业增加了产品销路，实现了经济效益的最大化。

（二）生态养殖特色农业与乡村旅游良性互动和融合

1. 加强协同规划与统一布局

生态养殖特色农业与乡村旅游之间没有天然的鸿沟，完全可以通过合理的协作来推动二者的交互。基于此，生态养殖特色农业一方面向集中、精良、特色转变，提高了产品技术含量与附加值，也让社会群体增加了探究与好奇心理；另一方面向新、奇、特的方向拓展，更好地把握与调动市场消费。对当前生态养殖与乡村旅游来说，要打破生态养殖特色农业与乡村旅游的规划与管理格局，集中合力营造优势。这就需要对二者融合发展做全面评估，收集并归纳数据信息，然后协同规划与统一布局，了解二者融合发展的分工配比，探索其切入点，整合农业旅游资源优势，让生态养殖特色农业利用乡村旅游提高产品知名度，打开养殖产品销路占据市场。对乡村旅游来说，要利用生态养殖特色农业推出能够满足游客心理的产品和服务，借鉴成功经验，打造不同的观光体验与旅游感受。只有二者融合互动共识，打通交互关系，才能协同规划、共享资源、优势互补。

2. 做好政府引导与政策扶持

将生态养殖和乡村旅游融合，是一项艰巨的工程，单凭一方投资、利用是无法在短期内实现发展目标的，这一项目应有政府支持。生态养殖特色农业与乡村旅游融合发展，是生产要素的重组与转移的过程。首要问题就是资源与资金的整合，而当前财政压力大，要建立相应机构做好政府引导与政策扶持。首先，相关地方政府部门需要在政策上提供切实支持，迅速制定关于生态养殖特色农业与乡村旅游融合发展的优惠政策和产业管理政策，逐步完善在财政、税收、信贷、保险等方面的扶持政策，为招商引资、合伙参股创设有利前提要素；其次，发挥国家宏观调控作用，优化农业资源配置，调整基础设施与相关土地政策，加强农业、交通、建设、土地部门的协作，指导、协调、管理生态养殖特色农业和乡村旅游的整合发展；最后，成立生态养殖特色农业和乡村旅游整合发展小组，由专业人员进行监察，做好服务质量、经营模式、环保的管理与监督，更应以"良性互动、融合共赢"为目标，让融合发展出成效，带动群众科学开发、保护环境，让生态养殖与乡村旅游融合发展更高效更协调。

3. 构建技术创新体系

我国农产品的特色和优势就是价格低廉、质量出众，保障着经济的持续发展，特别是绿色生态农产品在市场一直占有较高的地位。而环境清洁、观赏体验独特也是乡村旅游的一大优势。随着农业技术的更新，物美价廉、环保清洁已不再是农产品的重要吸引力。而环境污染也将乡村观光旅游的优势大大削弱。此时应有自主知识产权、核心技术工艺较新的产品，利用科技改善环境，才能抵抗高科技产品与更清洁环境的夹击。因此，需要地方主管与农业产业管理者联合推行自主研发生产、开辟多元化生态养殖产品线等发展策略，利用优惠政策与法规制度鼓励农村生态养殖业、生态旅游加以创新，并对自主创新给予奖励鼓励，让二者交互，促进生态养殖产业和乡村观光产业融合更高效。从农业与旅游长期稳定协作关系上分析，技术创新体系是融合发展的动力与支撑。随着信息技术与市场需求的发展与变化，二者融合也要不断研发新技术、新产品，技术创新是二者融合发展的永恒主题。因此，要构建技术创新体制和机制，提高产品质量与档次，走经济与生态结合的发展道路，拓展生态养殖特色农业的各项功能，引导传统经营向专业、集约、旅游相结合靠拢。技术创新是保持乡村旅游吸引力与竞争手段，要不断地创新技术、产品、服务、制度与管理，让生态养殖特色农业和乡村旅游融合发展追随市场需求，推动二者更高、更深层次的融合发展。

4. 注重树立品牌效应

品牌效应是生态产品增加效益、提高价值的关键因素。我国有着种类繁多的生态型农产品，乡村旅游已进入商业运作期，形成了成熟运作体系。但在品牌上的建树并不多，缺乏国际、国内知名度的代表品牌，因此制约二者融合、遏制了整体创收的增长速度。在这些困境下，要求农村主管部门推动品牌创收策略，扩展品牌市场，增加生态农产品与环保乡村旅游的竞争力。第一，可采取聘请指导或派遣的方式学习国际先进品牌运营模式，再结合自身实际创立优质农产品；第二，同步开展国外市场上农村原生态观光旅游体验会、品鉴会等，集中传播品牌价值，形成市场效应，以拓展品牌战略。品牌效应可以延续商业产品价值，为生态养殖特色农业与乡村旅游融合发展带来更大的社会经济效益。生态养殖特色农业的目标是绿色有机食品，而规模养殖方式会在短期内获得高效益，提供给人们环保有机的食品，满足他们的消费愿望，与乡村旅游融合能让游客在生态养殖观光园区内观光体验、度假休闲、品尝特色等。而产品的品牌化发展，让这些绿色产品得到消费者的青睐，因此创造更高的附加值。在二者融合中，应开展特色宣讲活动，树立乡村旅游品牌效应，依托生态养殖特色农业，以乡村旅游为纽带，创造"专、精、特、新"的农业旅游品牌产品，提供给生态养殖特色农业与乡村旅游融合的发展环境。

三、农村文化创意产业与乡村旅游的融合发展路径

(一) 淡化产业边缘，实现灵活融合

乡村旅游重要的特征就是产业边缘淡化、边界不强，这为乡村旅游和文化创意产业融合发展提供了基础保障。在推动乡村旅游发展中，可考虑产业化其边缘以实现乡村旅游灵活的产业融合发展模式。此外，文化创意与乡村旅游融合发展并非无限度持久融合，针对各发展阶段灵活地融合发展，才会达到想要的效果。

(二) 提高科技水平，实现便捷融合

运用现代高新技术，就能让产业融合得更加方便快捷。提高科技水平，产业的融合就增加了发展机会。而技术的提高能够改善产业的竞争

优势，提高产业竞争力。对于乡村旅游来说，依托先进的技术可以开发新产品，将其延伸后获得新业态，可以很好地改变产业路线，丰富产业形式，让乡村旅游融合发展获得延伸。所以，只有科技水平提高了，才能让旅游更好融合发展。

（三）放松管制，完善跨界治理

乡村旅游是一个民生性产业，政府应放松产业管制，宽松的产业发展环境才能够吸引人才向乡村旅游地区流动、资金向乡村旅游地区汇集、科技向乡村旅游地区投入，提供给产业融合更好的条件。产业融合中会造成规则制定、分配制度、资源配置等的不均，所以在融合中应尽可能完善跨界治理机制。要确保各集团的协调，实现联动发展，以集团目标为主，选择合适的管理模式，实现科学有效配置。能够从三个方面落实：第一，建立更高层次的管理部门进行统一指导，如成立指导委员会，让资源统一部署或调动，以提升产品质量。第二，建立奖惩机制，激发利益集团的参与动力，实现利益的规范与平衡，按照发展所需而采取激励政策。可设立市场产品营销、开发和人才引进等多方面的基金。第三，建立有效监督机制，利用完善的法规制度约束与监督相关利益主体的行为。

（四）以乡村文化旅游产业园区为基础，实现多元化融合

乡村文化旅游产业园区是依托人文遗存与生态文化资源打造的旅游景区或景点，但其文化创意不足，没有层次性特点，缺乏知名园区品牌和拉动效应，而产业收入也只依靠门票。当然，乡村文化旅游产业园区也有自己的典型优势，如良好的产业融合氛围，雄厚的制度保障，也有艺术、文化创作素材，便于产业聚集，形成乡村文化旅游价值体系，加速了融合发展和文化特色的培育，有利于打造乡村旅游文化品牌。乡村文化旅游产业园区由文化与乡村旅游融合发展而来，在同类或相关产品生产的基础上分享市场，用相近的销售渠道、方式借鉴科学技术与理念共享资源，实现多元产业融合发展新态势。

（五）加强协作，强化政策引导

游客需求日益变化，而且乡村旅游产业边界越来越模糊，所以乡村旅游产业融合发展呈现多种模式，可以与众多产业融合发展，包括休闲、文化创意、科技、生态、信息、养生等产业，因此，乡村旅游产业

融合应关注多产业发展动态，加强合作与互补，发现并研究创新融合的路径，关注游客需求变化，以市场需求为导向，打破产业分离思维定式，打开产业融合思路与观念，推进产业融合新产品和新服务。在融合中，政策也十分必要。如中华人民共和国文化和旅游部、国家广播电视总局、国家体育总局提供给乡村旅游和文化创意更好的发展前景，具体可以从编制规划、制定原则与标准、评选示范基地等方面做出努力，提供给乡村旅游产业融合政策、资金、环境等方面的帮助。

第三节　乡村旅游与生态建设

一、生态文明建设与乡村旅游

（一）乡村旅游与乡村旅游生态化

乡村旅游不是旅游业的新业态，而是在新的历史条件下为适应时代发展的需要，被赋予了新的功能。随着乡村旅游的不断发展，关于其理论研究也变得愈加细致。学术界没有统一的界定，但学者们普遍认同的是乡村旅游是以乡村空间环境、乡村特色生态资源、乡村特色文化为吸引物开发的多种类型的特色旅游活动。乡村旅游虽强调生态特性并以此为特色，但在建设中也受很多因素制约，造成乡村旅游开发背离生态性的原则。有些乡村旅游在开发的同时对生态造成破坏，让自然失去平衡。在旅游时主客体对环保意识的缺乏也对环境造成破坏。所以要以生态文明为理念进行乡村旅游的研究，让乡村精神在实践中得到体现。正由于这样的指导与应用，产生了生态的概念。而乡村旅游生态化是以旅游活动来满足旅游者休闲、回归自然的需求。其特点是：第一，凸显专业特征。生态化的乡村旅游有着专业性的特点，是生态环保的需要。它由发展与困境来决定转型方向，更体现出精神内涵。第二，强调环境保护功能。生态化指明乡村旅游未来发展思路，以传统为基础增加环保的参与，提升其规格。第三，教育作用。乡村旅游生态化强调教育功能，通过对游客的生态教育，增强对环保的意识。应注重环保、资源利用、经济与环境协调发展，让乡村旅游可持续地发展。

(二) 生态建设与乡村旅游的关系

生态文明建设和乡村旅游发展是相辅相成的关系，生态文明理念是指导乡村旅游持续发展的原则，而乡村旅游开发和利用也在对生态文明理念做着宣传工作，推动了生态文明建设示范性作用的发挥。

1. 生态文明理念指导着乡村旅游的持续发展

生态文明建设的意义是合理利用资源，以获得社会生态的平衡。乡村旅游与生态文明的融合，是让乡村旅游与经济和生态长远而平衡地发展下去。

第一，乡村旅游在全面的发展过程中，应以生态文明理念进行指导。其基础是人文与自然环境资源，它和生态环境关系密切。生态文明要求人们有生态文明观，以此来支撑乡村旅游的发展。随着环境资源负担的不断加剧，建设生态文明已刻不容缓。生态文明可以缓解旅游开发所产生的污染、生态的破坏和经济发展需求的矛盾，并提供支撑与指导。只有以生态文明理念为指导，才能保持乡村旅游长久的发展和未来的建设。

第二，乡村旅游发展依赖生态文明制度的约束。生态文明理念可以转化为生态规范和立法进而上升为生态制度。生态文明制度对于人们的行为进行制约，在制度规范下人们会有好的生态习性，慢慢形成自觉的生态行为。在乡村旅游活动中有许多的主客体，因此管理者们要有极高的环保意识，同时也要求游客应该具备自觉的环保意识。生态文明建设具有教化功能，它可以教化人们环保意识，在自觉的行为下对生态加以关注和保护。

第三，生态文明科技是乡村旅游发展的全新动力。新时期的生态文明，提出新的内容强调现代科技的应用。生态环保也要结合现代科技和力量，运用新工具、新手段，并投入乡村旅游发展中，在保护环境的同时合理开发乡村旅游资源，促进其良好运行，以加速生态化转型。

2. 乡村旅游是生态文明发展的有效途径

第一，乡村旅游所独具的特点是适合生态文明的发展。乡村旅游虽然规模不大，却结合了当地民俗文化。来到乡村旅游目的地旅游的人一般都是在城市中居住的人，他们进行旅游活动的目的是亲近自然、体验乡土文化。而乡村旅游正是秉承这一特点，能缓解人们的生活压力、放松心情。另外，也可以减少对环境造成的污染，实质上它是生态经济发展模式，乡村旅游的发展依赖于良好的生态环境，所以在乡村旅游发展前，需要对乡村旅游目的地的生态环境进行规划，乡村旅游发展过程中，又需要注重乡村生态环境的保护。与此同时，乡村旅游能够让旅游者体验当地的绿色旅游风尚，体验生态文明带来的好处，促使他们不断增强旅游者的生态文明意识。从这些层面来说，乡村旅游是生态文明发展的有效途径。

第二，乡村旅游所开发出的具有乡村特色的产品，可以为生态文明理论提供传播的平台。乡村旅游让生态文明建设得以展示，它利用了自然生态景观与原汁原味的本土风情，向人们展示最纯朴、最自然的生态生活。利用乡村旅游绿色生态景观的独特之美，吸引游客感受旅游的情趣，进而接受生态文明的传播，获得生态旅游的丰厚硕果。

二、乡村旅游生态转型路径

（一）以生态文明促进法律与制度建设的生态化

要促进乡村旅游生态转型，第一，要建立定量生态标准，发展生态理论。乡村旅游生态转型需要生态理论作为指导，而生态理论也在时代下被赋予新内容。第二，完善生态指标，为乡村旅游生态发展提供依据。第三，完善法律体系。法律法规是乡村旅游发展的保护者，也是生态文明建设落实的途径之一。因此，应推进乡村旅游法律法规体制的建设，制定行业标准与等级评定，促使乡村旅游的开发者和经营者在开发和经营过程中遵守生态文明方面的相关制度要求。第四，加强有效监管。政府政策一般都比较合理，但有时会在执行环节出现一些需要解决的问题，因此，应建立监督机构，一边提供给乡村旅游管理与工作者相关指导，一边发挥监督作用。监督机构的设立要遵循公平开放原则，发现不符合标准的信息就要及时进行处理,把乡村旅游的项目质量大幅提升上去。

(二)以生态文明建设推进意识教育的生态化

第一,注入生态服务理念。乡村旅游正在一步步扩大着规模,旅游者也越来越要求提升服务质量。景区的服务质量对游客关于乡村旅游的认可度有着极大的关系,此时生态转型是发展的必然,它所提供给游客服务的满意程度取决于管理者与工作者的服务意识与经营理念。人的行为源自思想意识,因此乡村旅游生态化就需生态文明意识来支撑。只有人人都能明白生态文明建设的重要与生态教育的功能,才能实现乡村旅游更好的教育生态化。第二,把旅游和生态服务有机结合。乡村旅游生态教育功能要与服务结合才能发挥出其功效,让旅游者体验自然景观、生态教育,才能提升乡村旅游功能,发挥乡村性。第三,对乡村旅游发展中的相关人员,应该加强培训和指导,实现工作人员素质的有效提高。提升群众生态环保技能,在发展乡村生态旅游时除遵守环保外,也要做到有效治理,减少生态破坏,提高治理效率。

(三)以生态文明推进特色旅游生态化

第一,运用生态技术,培育生态旅游业。现代乡村生态要转型就要以科技作为依托,降低生产投入的成本,提高旅游所带来的经济效益。乡村旅游的最终的目的就是促进生态保护、经济繁荣发展,而生态技术是此次转型最重要的推动力量。第二,从乡村环境中发掘乡土与文化资源,从而研发出创意产品。此次转型也是人文和环境的融合,因为乡村旅游发展就需要对人文资源价值进行深度的挖掘,从不断挖掘与创作中发现更多新的旅游产品形式。开发"一村一品""一村一景",不断推进以人为本和以生态为本的有机结合,彰显乡村旅游的生态内涵和绿色韵味。第三,将生态特色变成旅游经济优势。乡村旅游是满足新农村建设的要求,带动经济全面发展。生态转型就是要让生态与经济协调发展,因此就要把文化、景观、生态文明与科技结合起来,开发新的旅游体验产品,以满足日益增长的市场需求,促进乡村旅游产业链继续延伸。

总之，生态文明理念是乡村旅游内涵的体现，生态文明建设提供给乡村旅游发展的机遇，乡村旅游生态转型也是生态文明建设的主要途径。乡村旅游如今的困境想要获得解决就必须坚持生态文明指导，走绿色生态化的新路子，必须增强全民生态意识、完善规范标准、创新特色旅游，让乡村旅游与生态文明建设共同协调有序地发展。

三、乡村生态旅游创新发展的有效路径

(一) 宏观层面

1. 加强政企乡合作

乡村生态旅游有较广泛的影响范围，关系到当地经济建设和生活质量，具有带动性和联系性，政府部门对此应高度重视，并发挥自身引导和指挥作用，为生态旅游建设和发展提供保障。总之，政府应成立工作小组，提供科学规划与指导，按照当地情况，制定乡村生态旅游政策，加强基础设施建设，加大推广力度，创造条件拓展资金源，注重管理人员的培训，提高综合素养和能力，提升乡村生态旅游管理水平。

企业在乡村生态发展、优化就业趋势、改善经济结构上有着关键性的力量。因此，管理人员应掌握市场，了解游客消费心理，以提高企业管理水平，探索当地文化与民风，进行产品设计，推进多样化的发展。另外，企业一边追求经济最大化，一边也要重视对环境的保护。企业应总体分析生态系统的负荷，合理开发，无污染发展，以人们生活生态为前提，科学开发和利用土地。

2. 重视平衡性发展

乡村生态旅游发展可以实现新农村建设、生态平衡发展、农业进步。对此，发展乡村生态旅游要从改善"三农"、转变城乡结构出发，切实掌握市场形态，加强农业产业调整，改变农村就业难的问题，提高村民生活质量，加强城乡互动，实现全面和谐统一的社会经济效益。

3. 以城市带动乡村

政府应制定引导城市旅游和乡村旅游合作的相关政策，让他们共同

进步，协同发展，但要注意确保双方利益的最大化。城市旅游有资金和广泛又固定的客源，并有好的口碑，因此乡村旅游应加强与其合作。例如，与旅行社合作进行生态短途旅行，以此提升知名度，与城市旅游进行合作，共同开发产品，共产共销，不断增加效益。政府方面可以制定优惠政策，把城市旅游吸引过来投资开发，以城市条件来推广生态旅游，把知名度提升上去，打造特色品牌，深化城乡旅游联系，以城市带动乡村，实现共赢。

(二) 微观层面

1. 突出乡村特色

乡村慢生活的舒适安逸受到习惯快节奏生活的城市大众的欢迎，生态旅游更是备受青睐。传统的农家乐式乡村旅游缺乏鲜明的特色，目前无法满足游客的需求。只有突出特色，拥有自主品牌的旅游项目，才能在市场上拥有更高的竞争力，占有市场。乡村生态旅游产品开发和设计，要打破思维模式，重点是彰显当地的特色，明确自身优势，设计出新颖别致且有纪念意义的旅游产品。

2. 加强基础建设

交通一直是乡村生态旅游建设的重点问题，也是主要因素。有关部门应加大对交通方面的基础设施进行投资的力度，完善交通网络，如对乡村生态旅游地区临近的主干路要增加班车，在旅游高峰期时，特设城乡之间便利的公交，让游客出行更加顺畅。对于那些比较偏远的乡村景区可以设立二级干线或村内公路，增加基础设施，如临时休息区、加油站等。

3. 重视培训管理

村民在乡村生态旅游中处于重要地位，代表着乡村面貌，对于他们素养的提高非常重要。应加强对村民的职业培训管理，提升他们的文化与服务质量。不断增强村民、建设有关人员、管理层对人与自然和谐统一的关系的更深层的认识，在利用生态资源中，使他们强化自身环保意识，履行维护生态平衡的义务和责任，严格要求自己，维系美好家园，进而促进社会、自然、经济与环境的和谐发展。

第四节 乡村旅游发展中的新业态

一、国家农业公园

国家农业公园,是农业－乡村旅游的高端形态,是中国乡村休闲和农业观光的升级版。它可以是一个县、市或者多个园区相结合的区域,也可以是单独的一个大型园区,应该具备农业资源代表性突出的特点,通常需要包括传统农耕文化展示区、现代农业生产区、民风民俗体验区三大基本组成区域。

二、休闲农场/休闲牧场

休闲农场/休闲牧场是指依托生态田园般的自然乡村环境,有一定的边界范围,以当地特色大农业资源为基础,向城市居民提供安全健康的农产品和满足都市人群对品质乡村生活方式的参与体验式消费需求,集生态农业、乡村旅游、养生度假、休闲体验、科普教育等功能为一体。

三、乡村营地/运动公园/乡村公园

乡村营地当前正与国际积极接轨,迎接需求旺盛的自驾游客群。野营地旅游是国际非常流行的一种旅行方式。

四、乡村庄园/酒店

乡村庄园和乡村酒店在国外兴起较早。英国典型的乡村庄园,以田园诗般的城堡和村落著称。法国的香草庄园主要分布在地中海沿岸,因芳香浪漫而闻名世界。

五、乡村博物馆/艺术村

乡村博物馆:选定古民居、古村落、古街巷,进行保留、保护和维

修利用，建成综合性、活态化的乡村博物馆。

乡村博物馆应做好保护和活化乡村历史文化，包括风情文化、建筑园林文化、姓氏文化、名人文化、饮食文化、茶酒文化、婚庆寿庆文化、耕读文化、节庆文化、民俗文化、宗教文化、作坊文化、中医文化等。

艺术村为艺术家创作研究提供时间、空间支持，让艺术家进入一个充满鼓励和友谊的环境。

六、市民农园

市民农园，又称社区支持农园，是指由农民提供耕地，农民帮助种植管理，由城市市民出资认购并参与耕作，其收获的产品为市民所有，体验享受农业劳动过程乐趣的一种生产经营形式和乡村旅游形式。

七、高科技农园/教育农园

高科技农园，立足农业优势产业，探索现代农业发展新路径，突出科技引领和示范带动，引进科技化和智能化项目，发展高科技农业。

教育农园，指经营者利用农业与农村资源，作为校外大自然教室，提供人们接近自然生态，参与农耕过程，体验农村生活，带动产业与教育发展的农业经营形态。

八、乡村民宿

利用自用的住宅空闲房间，结合当地自然生态和人文环境，提供游客以住宿之处。民宿的类型，主要有农园民宿、传统建筑民宿、景观民宿、艺术文化民宿、乡村别墅、木屋别墅等。

第五章　乡村旅游与农村经济发展的关系

第一节　乡村旅游中乡村生态旅游的重要作用

一、乡村生态旅游的基本特点

乡村生态旅游近年来深受游客欢迎，影响广泛和功能多样，其地理位置、旅游产品和游览活动等都有着自己的特点。把握这些特点，能更好地理解和认识乡村生态旅游，将更有利于开发、运营和管理乡村生态旅游，实现乡村生态旅游的生态效益、经济效益和社会效益的有机统一。

第一，乡村文化融合性。乡村生态旅游作为以乡村为主要场所而进行的旅游项目，必然会将乡村地区特有的民间传说、故事、典故等民俗活动作为其发展旅游业的一大特点，不同乡村所涉及的民居、田间作物、民俗文化均不同，这不仅增强了乡村生态旅游项目的吸引力，还展示了当地的文化底蕴，激发了游客前来游玩的兴趣与热情。

第二，乡村生态依托性。乡村生态旅游作为乡村旅游和生态旅游的结合，同时具备二者所具有的特点：它不仅保持了乡村农业文化、生活文化和民俗文化的乡村旅游内容，还兼具生态旅游保护环境、寄情山水的特征。如果不是在农村，这样的旅游活动就不能成为乡村生态旅游；如果没有优良的生态环境，那农村就吸引不来游客，旅游业就无法产生和发展。因此，乡村生态环境是乡村生态旅游发展的基础。

第三，环境保护有效性。生态文明思想是乡村生态旅游的主导思想，因此发展乡村生态旅游要特别注重各利益相关者对生态环境的保护。旅游开发商、管理者、当地居民和游客应充分认识和了解当地生物群落及其无机环境相互作用的自然系统,并积极为当地环保做贡献,从而达到环境保护的目的。

第四,活动形式多样性。乡村生态旅游有多种形式,既有体验乡村田园生活的农家乐形式,也有展现乡村原汁原味的民俗文化形式;既有以乡村优美的生态环境为主体,也有以乡村历史古迹为特色,通过多种多样的活动形式让游客亲近自然、放松生活。

第五,开发经营的"多赢性"。乡村生态的合理规划开发,有利于保护当地的生态环境;与当地民俗风情充分融合,有助于地方文化的传承和发扬;适度开发乡村生态旅游,可以为当地居民带来更多的就业机会和更高的经济收入,提高他们的生活水平。因此乡村生态旅游是一种同时具备经济效益、生态效益与社会效益的旅游形式,可以产生"多赢"的效果。

二、发展乡村生态旅游的意义

乡村生态旅游作为乡村旅游与生态旅游的有机结合,发展乡村生态旅游对于经济发展、生态环境、社会生活具有重要的现实意义和深远的历史意义。

(一)经济效益

1. 优化农村产业结构,改善农业供给

目前,我国正面临着产业结构的大调整,传统的农业结构和管理模式已经不能适应市场经济发展的需要。农村经济开始从分散封闭的粗放型经济向集约型、效益型转变。发展乡村生态旅游,有利于将地方资源优势转化为旅游产品优势,实现农业功能的转变。同时也使农村打破一元经济的束缚,推动农村商业、通讯、餐饮等行业的发展,为实现市场化、社会化、集约化的农业提供动力。

2. 提高农民收入,助力精准脱贫

据世界旅游组织统计,旅游业每增加1元直接收入可带动相关产业增加4.3元收入,旅游业每增加1个旅游从业人员可带动相关产业增加5个就业机会,这将极大地带动经济的发展。发展乡村生态旅游,能够带动当地居民参与经营，例如提供酒店宾馆、旅行社管理、开办农家乐等各类旅游事业，不仅可以有效解决农村剩余劳动力，促进地方经济发展，还能增加当地居民收入，为当地经济发展注入新的活力。

3. 缩小城乡差距，加速城乡一体化

通过乡村生态旅游活动，将城市人吸引到农村，有利于增强市民与农民之间的联系，促进城乡之间信息与情感的交流。乡村生态旅游为城市居民、学生、科研人员学习农业生产知识、了解乡土文化、探寻"三农"问题、了解城乡文化差异提供了最佳路径。促进农村经济发展、优化农村生态环境、提升当地农民文化素养，有利于缩小城市和乡村之间的差距，使城市和乡村在产业发展、生态环保、社会事业等方面全面协调可持续发展。

(二) 生态效益

1. 改善生态环境，建设美丽乡村

发展乡村生态旅游业，可以有效改善农村道路、健全农田水系等基础设施建设和公共服务体系，通过村容村貌改造、农村垃圾分类等举措，实现天蓝、地绿、水净的生态目标，不断改善当地人居环境和居民生活质量；增强居民的生态环保意识，增强居民对当地文化特色继承和发扬的重要性的认识，积极保护居住环境；同时通过系统的宣传教育让游客提高游览中的责任感，通过主客体相结合，实现农村生态环境保护，推动美丽乡村建设。

2. 促进本地区开发，实现可持续发展

可持续发展主要体现在生态资源的保护节约和传统文化的传承发展两方面：一方面，乡村生态旅游提倡集约资源利用方式取代传统的粗放资源利用方式，推广"无公害"的绿色种植方法，推荐使用环保节能建材，为节约资源保护环境做出贡献；另一方面，发展乡村生态旅游可以保护当地的优良传统文化，特别是保护非物质文化遗产，对乡村传统人文资源的发掘和传承做出贡献，从而促进地方可持续发展。

(三) 社会效益

1. 传承优秀文化，发扬特色文化

在长期与自然协同进化的过程，农村中积淀了很多生态文化的内容。但是在现代都市功利思想的冲击下，这些生态文化没经过仔细鉴别就被淹没在城镇化的浪潮中，乡村文化的多样性正在减少。乡村生态旅游的开发注重对当地生态环境的保护和传统文化的传承，所以能增强村民对当地文化的认同感，并且将特色文化融入当地民间手工艺、音乐戏剧、饮食等旅游活动，让游客在旅游过程中了解和学习当地特色文化，提高村民的文化自豪感。

2. 宣传旅游文化，推广生态旅游理念

生态旅游是目前世界上流行的旅游形式之一，许多国内学者都倾向于把生态旅游看作是一种可持续发展的旅游理念。乡村旅游使城市居民有机会参与农事活动、体验乡村生活、了解乡村文化。为了吸引乡村生态旅游者，开发经营人员必须主动改善环境卫生，提高环境质量，保持自然生态平衡。同时提倡游客在旅游时尊重乡村文化，保护乡村环境。从这些方面看，乡村生态旅游同时具有乡村旅游和生态旅游的基本特征，是生态旅游理念与乡村实践相结合的产物。

3. 丰富旅游产品结构，缓解景区承载压力

我国传统的观光旅游以名山大川为主，这些景区景点旅游成本高、重游率低、内容单一固定、参与性不足。乡村生态旅游依赖乡村地区的一切资源，吸引游客到乡村度假、劳作、娱乐等，活动内容多样，注重游客的参与性与体验性。乡村呈现出四季变化的不同景观，丰富了旅游产品结构，为广大游客提供了新的旅游活动空间。而且出游便捷、高效、费用低廉，特别是法定节假日，城市近郊成为都市居民出游的首选目的地，这样便为知名景区分流了部分客源，有效缓解了景区承载压力。

三、发展乡村生态旅游的作用

(一) 有利于改善乡村生态旅游地环境

通过发展乡村生态旅游可使农民增强环保意识，增强继承和保护本地文化特色的重要性意识，更注重村容村貌，变被动保护为主动保护。

特别是在政府主导下,通过实施生态工程,制定合理、切实可行的科学规划,将促进旅游地大环境的改善;同时,还将促进"乡风文明"和"村容整洁",促进社会主义新农村建设。

(二)促进乡村传统文化的传承与发展

乡村生态旅游的开发遵循生态规律及当地的文化习俗,重视生态环境和文化资源的保护,因而能增加居民对当地文化的自豪感,使当地居民认识文化景观和文化传统的价值,让民间手工艺、音乐、戏剧、舞蹈、饮食等各种文化都在旅游过程中得到保护并发扬光大。同时,发展乡村生态旅游对于文化遗产的保护也有更深刻的意义。

(三)有利于提高农民生活质量,改善农民生活水平

发展乡村生态旅游将进一步带动农村基础设施建设,如交通、房屋建设的布局更加合理,排污、治污更加规范、严格,更加注重高科技投入,注重生物害虫的防治等,从而使农村环境卫生得到明显改善,客观上为当地农民营造了良好的居住、休憩生活环境,提高了农民的生活质量。

并且,发展乡村生态旅游可优化调整农业产业结构、农村产业结构以及旅游产品结构,使传统农业增添附加值,提高资源利用率。在生态农业加速发展的同时,能够为当地居民提供更多的就业机会,带来更高的经济收益,不断增加农民收入,加快农民脱贫致富步伐,进而缩小城乡差别、促进"三农"问题的解决。

(四)推动乡村生态旅游地实现可持续发展

发展乡村生态旅游要求在充分运用现有乡村生态旅游资源基础上,运用生态学原理、环境美学、系统科学等方法,在环保和可持续发展的前提下通过规划、设计、施工将当地的基础设施建设,如交通、房屋建设等与当地乡村生态旅游资源、乡村生态旅游项目开发、游客参与融为一体,以达到协调发展,改善当地生态环境的目的,从而有利于实现乡村生态旅游地的可持续发展。

第二节 乡村生态化旅游与农村经济发展

一、乡村生态化旅游与农村经济发展之间的关系

(一) 乡村生态化旅游与农村经济发展相互独立

1. 探究农村经济发展

对于农村经济从字面来看,就是指某农村地区所有经济来源的总值,这些经济来源包括农业、林业、畜牧业等,也包括与这些农事劳动相关的单位或部门所带来的经济效益。在农村经济发展中,经济增长与经济发展是两个截然不同的概念,但是经常被人们混淆,通常来说,经济增长表达的是经济总值的增加,常根据国民生产总值与社会生产总值来判断。对于农村而言,经济发展是指某一乡村或某个区域劳动力量与各类产品数量的不断增加,而农业在生产总值中的比重逐渐下降。某一乡村或某个区域范围内,劳动力量、就业水平、教育水平、社会保障水平都对经济的发展起着至关重要的作用。而农村经济的增长是经济持续发展的基础。经济不增长就更谈不上发展,经济发展也为其增长提供了条件。从各个农村的经济发展过程中不难看出,经济增长与经济发展是不可能独立存在的,这两者也是农村发展的基础与根本动力所在。只有发展才是硬道理,在农村的经济建设中,要充分协调两者间的关系,不能厚此薄彼。在此前提之下,大力发展乡村旅游行业,达到农村经济持续发展的目的。

2. 深入分析我国乡村生态化旅游产业

乡村旅游行业正逐渐向观光、休闲、学习、健身等方面发展,其综合性也越来越强。开发的项目包括以下几种类型:第一种类型是对自然景观与田园风光进行欣赏;第二种类型参与性较强,以农庄、果园、茶园、鱼塘为主,目的是体验农家生活,增长知识与休闲娱乐;第三种类型以风土民情为主题,感受当地文化、民族风情等;第四种类型是以疗

养与健身为主的乡村旅游，贴近并融入大自然，使疲惫的身心得到放松。目前比较热门的是参与性较强的农家乐与民俗风情体验为主的类型。由此可见，我国乡村生态化旅游已经形成了自己独特的形式，走出了一条全新的旅游道路。

(二) 乡村生态化旅游与农村经济发展相互促进

1. 乡村生态化旅游对农村经济发展具有积极作用

通常来说，来自城市的游客消费要求较高，现有的乡村环境很难满足消费者的需求。这就在一定程度上促进了商品经济的发展，乡村旅游所涉及的各个产业，都得到了有效的结合与发展。农村经济发展中，涉及的第二产业、第三产业较多，综合性也很强。乡村旅游中包含的农家活动与观光活动，都能够促进农业、交通、网络产业的升级与转变。近年来，各类蔬菜水果的采摘园成为乡村生态化旅游的热点，城市居民能够体验到前所未有的采摘乐趣，吃到新鲜的瓜果蔬菜，使村民的收入增加，促进了乡村农业经济的发展。乡村生态化旅游的持续发展为农村经济发展带来了源源不断的动力，整体产业结构也得到了优化。众所周知，我国属于农业大国，可见农民对于我国经济发展的重要性，随着科学技术水平的不断提高，更多的机械代替人工，使很多农民的就业成为问题，促进农民就业，就是经济发展的必然趋势。

乡村旅游的发展需要依靠完善的基础设施，而农村基础设施的建设需要乡村生态化旅游的促进。乡村生态化旅游经济的持续发展，离不开自然资源与生态环境的支持。而大多数自然资源都是不可再生的，在乡村生态化旅游的建设中，要注意环境与资源的合理利用与保护。为了农村经济的持续发展，要对乡村环境进行优化，尽最大努力保持自然资源系统的平衡与生态系统的循环。在当地政府与相关部门的引导下，对乡村生态化旅游所利用的自然资源进行规划，减少旅游活动对环境的污染，保持农村美丽的自然环境，促进本地区经济的可持续发展。

2. 农村经济发展对乡村生态化旅游的作用

农村经济的提高，给乡村生态化旅游提供了资金基础，可用于多方面的建设，还可以加大乡村旅游的宣传力度，使其发展更具全面性。我国一些农村地区比较闭塞，在水、电、医疗以及教育方面存在许多不足之处。从发展的角度来说，如此落后的基础设施与经济条件，对乡村旅游是非常不利的。我国地大物博、疆域辽阔，很多乡村都拥有着独具一格的自然景观与浓厚的文化氛围，但因为基础设施的缺乏与经济的落后，这些地区游客数量很少。没有乡村生态化旅游业的带动，经济发展停滞不前，形成了一个恶性循环。基于这一现状，农村要积极开展招商引资项目，使交通、服务等方面的基础设施不断完善，使当地乡村旅游行业得到发展。农村经济的可持续发展能够带动产业升级，使商品经济渐渐走入村民的视野之中，村民可以为乡村旅游提供更多的产品。我国一直十分注重农业的发展，越来越多的科学技术融入农作物的种植和畜牧的养殖方面。动植物的品种越来越多，一些奇特的动植物也能够为乡村旅游吸引更多的游客，例如袖珍白菜、方形西瓜、无土栽培等。目前农村各行各业人才稀缺，为解决这一问题，我国推出了相关政策，鼓励大学生扎根基层，为农村的发展带来贡献。政策推出后，大量的大学生涌入农村，作为"村干部"、村医以及教育工作者，为农村奉献出宝贵的青春。这一举措有利于实现社会主义新农村的建设，培养有文化的新型农民，为农村经济持续发展提供保障。

（三）乡村生态化旅游与农村经济发展相互制约

1. 发展乡村生态化旅游对农村经济的影响

乡村生态化旅游从农业的角度来看，是一种全新的经营方式，改变了经济的来源，使村民收入得到提高。但事实上，这却是对自然资源与生态环境的一种消费，产生的负面影响也是无法估量的。首先，若想使乡村旅游得到更好的发展，就要增加一些基础设施，例如车站、酒店、饭店、地下管道铺设、景观建设等。这些设施的建立，在一定程度上对农村地区原有的地貌造成了改变，甚至会破坏森林树木，形成严重的水土流失，这些破坏往往是无法弥补的。其次，在乡村生态化旅游建设中，没有结合当地自然情况进行合理规划。过于注重新项目的建设，而不将自然环境考虑其中，使建筑与周边山水格格不入，很难让人感受到美感。另外建筑垃圾若随意丢弃，将会给环境带来巨大的影响。更有甚者为了迎合城市居民的品位，对城市园林进行模仿，改变了乡村原有的生态环境，也失去了乡村自身的特点。目前还存在一些开发商为了眼前利益，不顾农村生态系统的承载能力，在乡村旅游的旺季，为抓住短暂的商机，大量出售门票，使乡村范围内人满为患，生态系统超负荷运作，最终导致系统崩溃，对乡村自然环境造成了不可修复的影响。乡村生态化旅游在招揽游客的同时，来往车辆越来越多，尾气排放量也随之增加，另外还会产生更多的生活垃圾。这些现象必定会对农村水源、空气、土壤等自然资源造成污染。最后，需要注意的问题就是游客的不文明行为，近年来我国国民整体素质得到了提高，但仍然存在一些素质低下的人。另外相关学者也曾提出"道德感弱化"的观念，也就是说旅行是暂时离开自身生活环境的一种方式，在异地短暂停留的过程中就很容易使游客道德感弱化，这种思想感情的变化，会引发人们的各种不文明行为。面对这一问题，乡村旅游的相关部门要设置专人对游客行为进行监督提醒，保证自然景观与环境不遭受人为破坏。

2. 农村经济发展对乡村生态化旅游的制约

乡村生态化旅游的建设同样需要依靠资金投入，其中包括民间资本与金融资本。目前来看，乡村生态旅游的建设与发展时常出现运转资金不足、资金来源单一等问题。为改变这一现状，首先要使当地政府与财政部门对乡村生态化旅游引起重视，加强对乡村基础设施建设的资金投入，并对其融资过程进行指导。对于一些环境保护的重点项目，当地政府应适当给予一些贷款补贴等。另外，要不断完善融资系统，逐渐将乡村生态化旅游的各个景区的产权、管理权利与经营权利分化，推动乡村生态化旅游建设向市场化发展，在不破坏环境的前提下，将自然资源最大程度转化为经济资源。要进行大力宣传与招商引资，吸引社会各界资金的投入。同时为鼓励乡村生态化旅游建设，相关税收部门可实行一些优惠政策。目前乡村生态化旅游的很多方面还属于起步阶段，需要依靠政府的帮助、科学技术的应用以及社会各界的支持。还要注重人才的引进，并对现有工作人员进行培训，从环保知识、服务理念入手，提高乡村生态化旅游行业人员的整体素质，为其发展打好基础。

二、乡村生态化旅游对农村经济发展的影响

（一）乡村生态化旅游开发对农村地区产业结构的影响

1. 乡村生态化旅游概述

乡村旅游是指发生在乡村地区的旅游活动。乡村生态化旅游主要是指针对农村资源浪费、环境污染现象进行改善和整合的一种生态化旅游模式，目前来看并没有更具体的概念，其包括的内容非常丰富。在乡村旅游的最初阶段，人们对乡村旅游的认知不同，关注的是观光农业到农业旅游的转变，之后又转变成乡村旅游，这不难看出人们对乡村旅游范围由小到大的转变过程，这就需要人们对乡村旅游有更进一步的理解和认知。乡村旅游主要包括两个方面：发生在农村地区的旅游和以农村为吸引力中心的旅游。乡村性还被作为一种分界标准，它具有三个特点：地广人少；土地主要被用来耕种，保留有原始的自然景观；继承了传统的习俗和文化。这样就会很容易界定，发生在农村的旅游不一定就是乡村旅游，乡村旅游和保护生态环境的生态化旅游是有区别的。乡村旅游的过程主要是观光、享受和休闲，乡村的环境氛围是主要的吸引力，游客大多数是城市居民。乡村生态化旅游能够让农村居民获得更多的经济收入和提供旅游服务的收入，这样不但能够提高农村居民的生活水平和文化水平，还能够使游客和当地居民之间有很好的沟通和交流，促使乡村居民提高对家乡传统文化价值的感知，对打破城乡之间的结构差异也有巨大的作用。

2. 生态化旅游开发对农村地区产业结构的影响

乡村生态化旅游不仅能够实现农村资源的可持续发展，还能够改善农村地区人们的生活方式和生活水平，对人与自然的和谐共处起到很好的促进作用。"乡村生态化旅游"这一理念早在20世纪50年代就出现

了，当时人们认为，乡村生态化旅游系统应该效仿自然生态系统，并建立相似的生态化系统。乡村生态化旅游符合国家政策，也符合科学发展观和可持续发展观的要求，更加符合当今社会发展的需要，这一理念为广大农村旅游业发展指明了前进的方向，是时代发展的新趋势，是国家和人民认可和提倡的朝阳产业。众所周知，乡村有美丽的田园风光，有很好的自然条件，若好好利用这些自然资源和当地的地理条件，便能够把自然环境的特征转化为经济发展的优势，把旅游观光转化为主要的生态化旅游模式。乡村生态化旅游模式的核心部分是美妙的田园风光，包括稻田、果园、菜园、山水、树林和田园等乡村自然风景。乡村生态化旅游对农村本地的经济影响主要来自农村旅游资源的生产和消费过程，旅游产品的生产和消费往往是同时发生的，游客带来的消费活动必然会对当地的自然生态环境造成影响，因此乡村生态化旅游将产生多方面的作用和影响，政府对其必须加以控制和改善。乡村生态化旅游的发展对当地的旅游区的作用和影响也是很复杂的，具有综合性，有些旅游区将耕地修成了停车场和娱乐场所，减少了耕地的面积，违反了国家政策，国内学者认为应该解决农村旅游项目占用农民耕地的问题，要建立健全对农民的补偿制度。

（二）乡村生态化旅游发展对农村地区经济发展方式和收入分配结构的影响

1. 乡村生态化旅游对当地经济发展方式的影响

乡村生态化旅游的发展重点在于可持续发展，不仅能够增加旅游区居民的收入，还能改善居民的生活方式和生活态度，提高居民的生活水平和文化水平。通过游客和农村居民之间的沟通，能够提高居民对当地的文化价值的认识，这样不但能够打破城乡之间的结构差异，还能够缩小城乡之间的收入差距和素质差距，对城乡之间居民的交流有很好的帮助。目前来看，我国已经进入到工业反哺农业、城市支持农村的时代，发展乡村生态化旅游是推动社会主义新农村发展的有效途径。我国是历史悠久的文明古国，但与国外相比，我国人口基数较大，农村人口比重较大，剩余的农村劳动力非常多，由于农村地区工业不发达，就业压力也很大。乡村生态化旅游的可持续发展能够很好地解决农村劳动力大量剩余和发展农村经济的问题，还能大幅度提高农民的收入，进而缓解国内经济发展的压力。乡村生态化旅游对当地的经济和生态环境有多个方面的作用。传统的农村耕地作用单一，生产产品单一，虽然农民投入少，但是产出也很低，是一种很不合算的使用方法，通过对乡村生态化旅游的建设，能够促进农村经济效益的增长，提高农业的社会效益，并且增加农业的高科技技术，使我国的农村走上社会主义现代化农村的发展道路。

乡村生态化旅游是一项长期发展的项目，社会主义新农村发展需要与乡村生态化旅游发展需要相配合，进而做好合理的统筹规划。乡村生态化旅游涉及项目众多，其中最重要的是涉及农村地区人民的经济利益和当地自然生态环境利益，研制出一套合理的乡村生态化旅游管理体系是发展乡村旅游最有效的途径。其次，"三农"问题是否能合理解决也是我国社会发展的重点问题。乡村生态化旅游能够将乡村资源合理开发和利用，同时又有政府政策的支持，能够很大程度上提高农民的经营收入，这算是"三农"问题解决的一个重要突破口。建设乡村生态化旅游系统能够利于农村产业结构的整合和改造，为农村人民提供足够的就业机会。我国大部分农村地区仍然以种植业为主要产业，第三产业罕见，产业结构非常不合理，乡村生态化旅游的可持续发展，意在将部分剩余劳动力转移到第三产业，比如农村的手工艺术或者餐饮行业等。发展乡村生态化旅游，需要美化农村的田园、道路和周围的环境，需要整治不合理的产业布局，打造出错落有致的田园风光，此外增加绿色植物也可改善自然环境，进而达到乡村生态化旅游的可持续发展。乡村生态化旅游不仅能够带动当地的信息流通、资金流通、技术流通，还能够改善当地的投资情况，为招商引资增加吸引力。因此，利用乡村生态化旅游能够改善当地的产业结构，进而推动当地的经济发展，促进农村的城镇化建设。

2. 乡村生态化旅游对当地收入分配结构的影响

乡村是相对于城市来说的，国内的乡村远不及城市繁华，属于不发达地区。发展乡村生态化旅游能够保障农村地区的合理建设和协调发展，农村的经济发展离不开经济发展理论的指导。美国最早提出了区域平衡发展论，这一理论指明平衡发展生产力，实现各区域经济发展平均，强调要加强农村地区的投资和建设，使得各区域生产稳定，发展平均。平衡发展论重点在于促进社会协调发展，缩小城乡之间的收入差距和维护社会和平稳定，有利于各区域产业协调稳定的发展。法国学者提出的增长极理论指出，经济发展较好的区域依靠较好的产业供给，应该将综合条件好的区域发展成经济增长极，再通过增长极效应，进而推动周边地区经济发展。增长极效应包括金钱、资源等要素向农村聚集，其中的扩散效应包括生产要素向外分散，当增长极到一定程度后，极化效应便会减弱，扩散效应会占主导地位。乡村生态化旅游的可持续发展不仅能够促进城乡之间的沟通，缩小城乡之间的经济差距，还能够缩小城乡之间的文化程度差距。农村的文化习俗和自然风貌都是乡村生态化旅游得以发展的前提条件，其次就要发展农村的生产力，实现现代化农业。乡村生态化旅游目的是要改善农村的基础设施和自然生态环境，改善交通和通信等生活条件，从而提高农业综合生产力，发展特色农业，继承当地文化传统，另外，还需在当地政府的扶持下，使得乡村生态化旅游与农业协调稳定发展。发展乡村生态化旅游，通过建立城乡之间的沟通渠道，有利于政府扩大对农村地区的投资和政策方面的支持，能够促进资源和金钱等流入农村地区，促进了社会主义农村的全面发展。很多农村地区大幅度改善基础设施，全面整治了农村的面貌，这对农村地区的基础设施和住宿条件的优化起到了促进作用。

(三) 乡村生态化旅游投资对增加旅游资源附加值的影响

1. 旅游资源附加值的概述

旅游资源，是指旅游区域经营者为了迎合和满足游客们的需要，利用自然环境和游玩基本设施所提供的所有服务的总称。大多数的旅游资源都属于服务产品，每个旅游区域的旅游资源都分为主体价值和附加值。其中主体价值就是旅游区域的主要服务项目带来的经营收入，附加值是指不同于主体价值的，并且用以辅助主体价值的辅助类服务项目，主要作用是给游客带来额外的身心愉悦的效果。比如一个旅游区，山水风景是旅游资源的主体价值，休闲和娱乐则是旅游资源的附加值，主体价值往往只有一个，然而旅游资源附加值却可以是很多种。增加旅游资源附加值的方法大致分为三种：横向一体化、营业促销和差异多样化。某个旅游区的名胜古迹必然是主体价值，可通过在旅游区修建园林、花坛和水池等来增加景观服务的类别，从而增加旅游资源的附加值。人们都知道旅游度假村是很好的休闲娱乐场所，在这里静心修养是旅游资源的主体价值，可通过在此旅游区增加棋牌、陶艺和沐浴等服务项目，增加娱乐的类型，从而增加旅游资源的附加值。

2. 乡村生态化旅游投资对增加旅游资源附加值的影响

乡村生态化旅游投资项目的主导者是当地的政府，政府的投资主要用以建设旅游区基础设施，这方面投入的金额很大，但收益不高，但这一环节是必不可少的，严重关系到未来的旅游经营活动能否顺利开展。旅游资源附加值的种类很多，比如公园中的树林景点是旅游资源的主体价值，可在此旅游区域建设科普教育性设施（花草树木品名标签等），增加旅游服务项目，进而增加旅游资源的附加值。旅游经营商实行环保生产和环保服务，以整个产业体系面向旅游消费人群，在各个企业之间实行净化和循环的过程，并且各个企业之间物质资源循环使用，合理维持自身运转系统，意在节约资源、减少污染、保护环境，不仅能够实现各个企业之间的互利共生，还能够维护自然生态环境的协调发展，各个企业之间团结协作，共同推动社会主义新农村的发展，并提高农村居民的生活水平和游客的消费水平，进而增加旅游资源的附加值，通过旅游业系统的稳定运转，进一步实现乡村生态化旅游。

三、农村经济发展对乡村生态化旅游的影响

(一) 农村经济的增长为乡村生态化旅游发展提供物质保障

良好的经济可以为乡村旅游提供充足的物质保障，首先它可以为乡

村生态化旅游提供足够的资金支持，其次可以完善基础设施的建设，还可以保护传统的风俗文化，帮助乡村生态化旅游宣传，推进其更好地发展。

随着城市化和工业化的发展，在城市生活的人们更希望走出去，回到自然，感受乡村的气息，乡村生态化旅游就因此诞生了。这种形式的旅游地点是在农村，由农户来提供吃、住、玩等一系列活动，常见的活动场所就是农场、牧场等。这种旅游类型就是以乡村场所为主要的活动场所，以独特的生活风情、田园风光作为对象，其基本的形式就是依靠独特的农业资源、农村的自然景观和田园风光，是主要针对城市居民的旅游区。

乡村旅游要得以可持续发展，经营者们应秉着生态旅游发展理念，保护本土原生态特色风景和气息，结合乡村原生态民族文化、原始自然风光、原貌历史遗存等乡村旅游资源优势与潜力，实行全域民族乡村旅游保护发展。乡村生态化旅游具有以下四个特点：

一是丰富的乡村景观。乡村生态化旅游以自然生态环境景观与人文景观为旅游资源，主要由田园景观、乡村聚落景观、建筑景观、农耕文化景观和民俗文化景观组合而成：①田园景观。田园景观是乡村景观最主要的组成部分，主要以农村田园、农业生产活动和特色农产品、自然水体或人工水体等经济区域为休闲吸引物，能够呈现不同特色田园主题观光活动的区域。②乡村聚落景观。乡村聚落景观呈现的是乡村聚落空间的组织形态，主要包括乡村聚落建筑、聚落社会空间、经济空间以及文化空间，它们共同组成了乡村聚落景观体系，彼此之间形成了既相互联系、互为渗透又相互区别的有机整体，从而表现其独特的旅游价值。③建筑景观。每个地区的乡村住宅都具有一定的地域特色，往往是风格迥异的，常常会带给游客不同的感受。例如内蒙古草原的蒙古包、苗乡的寨子、黄土高原的窑洞等。④农耕文化景观。作为历史悠久的农业古国，我国在长期的农耕实践中孕育了丰富的农耕文化，农民在进行农耕活动的过程中对自然植被、村落、农田、河流、渠道等进行利用与改造，并形成富于地域文化特色的农业生产形式，例如割破、烧耕、运水车、围湖造田等,自然景观和人文因素的共同影响而形成富于地域文化特色的农耕文化景观。⑤民俗文化景观。民俗文化景观与民俗文化相互关联,民俗文化景观可以说是特定民俗文化的外化形式,不仅集中体现在非物质形式层面,还包括民俗文化对古村落物质景观的约束和塑造作用,涉及人的食、住、行、游、购、娱、研、学等方面,是研究古村落景观的重要内容。由于古村落悠久历史与丰富的民俗文化已深深植入其景观中,所以要深入探讨古村落民俗文化景观,就要对特定古村落居民的风俗习惯与村落环境之间的关系进行分析,这在全面建设"美丽乡村"的时代背景下显得尤为重要。

二是地区的多样性和时间的差异性。乡村生态化旅游资源主要来源于农耕形式、自然风光及传统的民俗。根据地区的不同,所具有的自然环境与传统文化也会存在差异,正是这种差异性才能满足不同游客的需求。具有典型文化特色的村落可以设计旅游观光项目,让游客体会不同的风俗文化。农业特点突出的地区可设计农业观光旅游项目,让游客参加农耕劳动。在乡村民俗文化浓郁的地区,可建立民俗文化区,开展一系列民俗文化活动,每一个民俗文化活动区域联合形成文化景观,可以提高乡村旅游的吸引力。另外,乡村生态化旅游具有时间上的差异,例如想要体会采摘的乐趣,就要在农产品成熟的季节才能得以实现。旅游目的地自身的特色以及旅游产品的生产周期等方面对游客来访旅游的季节性会产生较为重大的影响。

三是具有体验性。乡村生态旅游为游客提供走进乡村、亲近大自然,欣赏田园风光、探访民俗文化、体验山水乐趣、享受生态休闲的好去处,游客不但可以品尝当地美食,还可以直接参与农业生产,例如体验耕地、播种、采摘、捕捞、烧烤等活动,在活动体验中感受淳朴乡野的气息及乡村旅游的魅力。

四是具有教育性。乡村生态旅游注重乡村旅游规模的小型化,以利于游人的观光质量且不会对旅游生态环境造成负面的影响。随着绿色环保理念的倡导和传播,可持续发展思想日趋深入人心,乡村生态旅游在给游客带来身心健康的同时,也具有启迪和教化的作用,游客们在实际体验中领略生态旅游魅力的同时，更加热爱自然，有利于自然与文化资源的保护。

(二) 农村经济的增长促进乡村生态化旅游产品转型升级

随着农村经济的发展，乡村生态旅游产品已成为区域经济发展带动下的一种新兴产业集群，农村经济的发展是乡村生态旅游活动依存的重要基础，为乡村旅游产业的发展提供了强大的推动力。而随着农村经济的迅速发展、经济发展质量的提升，乡村旅游产业的体系结构、表现方式等也发生了深刻变化。

1. 农村经济的发展促进乡村生态旅游产业增长方式的转变

乡村旅游产业是一种劳动驱动型产业，乡村旅游经济的增长很大部分是建立在对旅游资源消耗的基础上。乡村旅游产业发展规模的增大，使得环境遭到破坏、无数资源被消耗等，已成为制约乡村旅游产品发展的因素，因而乡村旅游产业的增长方式亟待转变。农村经济的发展对乡村旅游产品增长方式转变的推动作用，一方面表现在对旅游产品生产能力的物化，促使旅游产品向更高级化不断发展；另一方面表现在人们对乡村旅游认识的变化，促使乡村旅游资源的开发要以游客为导向，对富有资源的发掘代替对稀缺资源的无限度利用。如今，乡村生态旅游产业增长方式的转变在很大程度上表现为乡村生态旅游与绿色农业经济发展相结合，该结合不但可推进农村经济产业结构升级优化，还可以为乡村生态化旅游的发展提供物质保障，在一定程度上促进乡村生态旅游产品的转型升级。

2. 农村经济结构的优化推动乡村生态旅游产业结构的转型与升级

产业结构的两个变迁维度主要表现为产业结构合理化和产业结构高级化。农村经济结构的优化对乡村生态旅游产业结构的调整主要表现为：农村经济既定国民收入结构的调整、供给能力或者物价水平的变化对乡村生态旅游产业结构产生影响、乡村生态旅游产业营业收入增量的发展改变旅游产业自身的构成比例。

农村经济结构的优化相继带动乡村运输业、餐饮业、加工业等其他行业的发展，从而也为乡村生态旅游的发展提供更多便利条件与保障。

3. 农村经济发展质量的提升有利于促进乡村生态旅游产品功能的优化

乡村旅游产品的价值功能在很大程度上是通过游客的消费需求得以实现的。在农村经济发展的推动下，游客需求呈现多样化发展趋势，个性化需求显得尤为突出，以"食、住、行、游、购、娱"为代表的六要素传统旅游需求已不能满足游客对旅游产品品质的要求。乡村生态旅游产品要以绿色发展理念和保护农民利益为出发点，除了开发集乡村生态观光、果蔬采摘、农事体验为一体的乡村旅游产品外，还要打造集生态观光、休闲度假、健康养生于一体的乡村生态旅游集聚带，从而促进农村经济增长，带动景区群众增收。农村经济发展质量的提升为乡村生态旅游产品功能的优化奠定了基础，促进了乡村生态旅游产品的个性化与多元化发展。

4. 农村经济发展促进对乡村生态旅游认知的改变

乡村旅游主要是以村庄野外为空间，以人文无干扰、生态无破坏为特色而开展的旅游度假和休闲活动，目的是满足游客日益增长的休闲娱乐以及想要回归熟悉大自然的需求。农村经济的发展带动了乡村旅游行业的变革，人民生活水平的提高，人们对旅游的认知与体验发生了较大的变化，乡村生态旅游已成为人们一种重要的生活需求，且旅游支出在家庭以及个人消费中的比重也越来越大。随着旅游扶贫产业的深入和推进，乡村旅游已成为大众选择旅游出行的一种新模式及旅游消费的新亮点，特别是民族地区旅游因其独具特色的民族文化内涵和特色而成为乡村旅游发展的内核和核心竞争力所在。一方面，乡村生态化旅游是满足游客精神文化需求的一种较高水平的旅游体验，而精神与物质资料的消费和享受比重的不断增加也是衡量农村经济发展的重要因素之一；另一方面，农村经济的发展为乡村生态旅游创造了更为有利的条件，促进人们对乡村生态旅游认知的改变，有利于推动农村环境保护力度的增大，推进美丽乡村建设。

（三）农村经济的增长促进乡村生态化旅游服务质量的提升

1. 农村经济的增长促进乡村旅游目的地质量的提升

农村经济的增长促进乡村旅游目的地质量的提升首先体现在旅游基

础设施的完善方面。农村经济的增长的同时,乡村旅游基础设施的投入也将得到一定的改善,例如铁路、公路、水路以及乡村景区交通设施水平会得以提高。另外,旅游安全设施、卫生设施、医疗设施和环保设施也将更加完善。其次,旅游公共服务得以加强。例如乡村旅游公共信息、咨询服务、应急处置、投诉处理、紧急救援、旅游保险等乡村旅游公共服务体系也会得以完善,另外道路、景区等设施的标识系统和景区解说系统也将不断完善。再次,农村经济的增长,使得农民收入得到提高,并有益于增强村民参与乡村旅游服务的意识,对推动乡村旅游生态环境保护型开发、旅游资源节约型经营管理、环境友好型消费以及对乡村旅游企业规范经营和打造良好的诚信经营环境起到积极的促进作用。最后,有助于乡村旅游产品体系的完善。农村经济的增长有利于乡村旅游产品科技含量的研发和提升,促进乡村生态休闲度假旅游产品、特色旅游产品的精品化和品牌化发展。

2. 农村经济的增长有利于促进乡村旅游企业服务质量的提升

农村经济的增长有利于促进乡村旅游企业服务质量的提升。第一,乡村旅游企业质量标准的完善、乡村旅游企业服务质量手册的编制,乡村旅游产品特色的强化等方面,都需要资金的支持,农村经济的增长是该资金的重要来源。第二,乡村旅游企业在加强其质量管理和控制的过程中,需要建立符合本企业特色的乡村生态旅游服务质量信息收集、处理以及反馈机制,从而有利于加强乡村旅游企业服务质量的评估和改进。第三,农村经济的增长在一定程度上促进乡村旅游企业内部质量保证和外部质量保证相协调的乡村旅游企业质量保证机制。从内部而言,在组织、人员、措施和制度等方面促进良好服务质量的形成。从外部而言,促进乡村企业旅游服务质量责任制的形成。第四,农村经济的增长对提高乡村旅游服务人员的素质起到促进作用。例如在乡村旅游企业人员的岗前培训、在岗培训以及脱产培训等方面提供资金支持,对建立和完善乡村旅游企业员工的薪酬机制、激励机制和保障机制以及稳定乡村企业人才队伍、加强骨干人才和后备人才的培养都起到积极的促进作用。

(四)农村经济的增长为乡村生态化旅游提供人才支撑

在乡村振兴战略的具体实施过程中,各地区还制定乡村旅游人才培训项目,主要从采用对内培训对外引进这两种方式。对内培训主要是对当地村民进行短期培训,使农民成为乡村旅游职业农民。对外引进主要是鼓励和支持农业龙头企业引进在形成旅游规划、设计、策划、营销品牌等专业人才,成立乡村旅游人才智库,并鼓励大学生响应政府号召,回到农村就业和创业。农村经济的增长为乡村生态化旅游提供人才支撑,主要体现在以下三个方面:

第一,农村经济的增长有利于旅游新产业的形成,从而促进乡村生态旅游新产业人才的发展,发展乡村旅游新产业、新业态,培育乡村旅游农业新动能是乡村生态旅游发展的重要举措。

第二,农村经济增长对乡村文化保护与传承方面的人才培养起到积极的促进作用。乡村生态旅游主要以乡村自然风光、生态农业产业、乡村文化习俗以及乡村生态环境为吸引物,让游客充分领略农村乡野风光、了解风土民情、体验农业生产劳作,尽情感受到回归大自然的情趣。在这一过程中,乡村文化习俗是乡村生态旅游的灵魂,而乡村生态旅游则在很大程度上成为乡村文化习俗得以保护与传承的重要载体。可见,乡村生态旅游与乡村文化习俗紧密相连,乡村生态旅游借助乡村文化习俗彰显其旅游特色,而乡村文化和传统民俗则通过乡村生态旅游这一形式得以保护与传承。在乡村振兴战略的具体实施中,乡村文化要得以保护与传承就需要一大批专业性强的高素质旅游人才,乡村振兴植根文化,在于人才。

第三,农村经济的增长促进人才双向流动,有利于建立长效就业机制。乡村生态旅游发展,人才是关键,农村经济增长打破了人才从乡村到城市的单向流动方式,促进了人才双向流动。一方面,农村经济的增长给农村带来了更多的发展机遇与挑战,在吸引村民返乡创新创业的同时,也吸引更多有资本、技术和高素质的城市人口赴农村就业创业,这符合人才流动特点,并利于建立长效就业机制。另一方面,农村经济的增长,有助于提升农村就业的环境和待遇,有利于增强大学生前往家乡或者乡村就业创业的信心，积极鼓励和引导其就业创业。

综上所述，农村经济的增长为乡村生态化旅游发展提供物质保障，首先它可以为乡村生态化旅游提供足够的资金支持；其次可以完善基础设施的建设，还可以保护传统的风俗文化，帮助乡村生态化旅游宣传，推进其更好地发展。农村经济的增长促进乡村生态化旅游产品转型升级，促进乡村生态旅游产业增长方式的转变，同时农村经济结构的优化推动乡村生态旅游产业结构的转型与升级，农村经济发展质量的提升也有利于促进乡村生态旅游产品功能的优化，并促进人们对乡村生态旅游认知的改变。农村经济的增长促进乡村生态化旅游服务质量的提升，主要包括旅游目的地质量、旅游企业服务质量、旅游行业自律水平、游客旅游素质等方面的提升。农村经济的增长为乡村生态化旅游提供人才支撑，有利于旅游新产业的形成，从而促进乡村生态旅游新产业人才的发展，对乡村文化保护与传承方面的人才培养起到积极的促进作用，促进人才双向流动，有利于建立长效就业机制。

第三节　乡村生态化旅游对农村经济贡献率的对策与保障措施

一、乡村生态化旅游对农村经济贡献率的对策

（一）发挥资源优势，实现产品升级

通常乡村旅游都会受到季节的影响，为解决这一问题，就要进行产品升级，减小旅游旺季与淡季的差异，增加收益。首先要升级乡村旅游产品，杜绝外界因素对其的影响，抓住游客心理，掌握消费理念，使整个乡村生态化旅游体系在实践过程中逐渐得到完善，并在激烈的旅游市场中脱颖而出，形成一个相对完善的体系。我国疆域辽阔，不同乡村地区都有不同的自然资源与生态环境，因此在乡村旅游开发中要求同存异，结合各个区域的特点，进行具有针对性的旅游产品开发。乡村旅游

产品可具体分为以下几种类型。第一种类型以休闲浏览为主,欣赏优美的乡村环境,贴近大自然,融入大自然,是一种原生态的休闲胜地。第二种类型有一定的约束性,多以名人故居为主,是能够在旅游的过程中丰富知识的一款旅游产品。第三种类型以体验与保健为主,参与性很强,游客可以借此机会进行农事劳动的体验,其中包括种植、垂钓、放牧等。还可以开发一些保健活动,使乡村生态化旅游的养生性得到提高。第四种类型以户外活动与极限运动为主,目前真人 CS、漂流、攀岩等都是备受欢迎的项目,这类旅游产品的开发一定要注意保护措施的完善,使游客放心参加各项活动。乡村生态化旅游的开发与建设可以根据游客的需求和市场特点,适当增加一些具有互动性的活动,使乡村旅游产品更贴近自然、更具特色、更有观光价值,为游客提供更好的体验,同时促进消费,使当地村民的经济收入得到提高。很多游客来到乡村旅游,不仅仅是为了观赏美丽的自然景观,也是借此机会使疲惫的身心得到放松,缓解城市生活带来的压力。各式各样的活动,能让游客体验到收获的喜悦,改变了他们原有的生活方式。不同区域的乡村都有其不同的特色,适合发展各个种类的乡村生态化旅游。一些特色的种植园,能够为游客提供采摘、观赏等活动,还可以根据季节的不同使游客感受从耕种到收获的过程,加强游客农村生活体验的真实性,同时种植园的绿色农产品可以进行销售,使相关收益有所增加。

(二)催生新型农民,促进农村就业

随着乡村生态化旅游的发展,越来越多的农民参与到旅游工作中,解决了巨大的就业压力,使当地村民获得稳定的经济来源。这种情况下当地劳动力一分为二,一种身份是农民,另一种身份是旅游服务者,这两种身份会结合乡村旅游行业以及农业的需求进行角色转换。由于乡村旅游行业涉及的范围较广,就业的村民年龄也各不相同,这种角色的转换,对农民自身也提出了一定要求,有效促使了新型农民的出现。社会经济结构的不断改变,使农村不再只依靠农业来获取利益,同时随着科学技术的发展,很多机械能够代替人工进行农事作业,不但节省了人力,也提高了效率。在这种情况下,农业劳动所需的人员越来越少,很多村民面临着无事可做的隐形失业状态,所谓隐形失业就是拥有土地的农民,相关部门不会将其划为失业的范畴。基于这一现状,农村更多的年轻人愿意到周边城市打工,长此以往,会使农村劳动力大量流失,农闲时期甚至还会出现空心村的现象。因此,促进农村的第二产业发展是一项非常重要的工作。

(三)挖掘民族特色,打造品牌形象

乡村生态化旅游若想持续发展,一定要积极与当地旅行社以及周边景点进行合作,打造完整的乡村旅游体系,要通过使用一些营销策略,使其在激烈的竞争中处于不败地位。乡村生态旅游的宣传最重要的还是对当地民族特色的挖掘与自身品牌的打造。应根据乡村独有的特色资源与民俗文化进行大力建设,并采用多种方式进行宣传,由于乡村地区的资金投入有限,可寻求当地政府与相关借贷部门的帮助。

不同乡村地区的宣传重点与宣传方式也有所不同。在网络逐渐普及的今天,网络中的乡村生态化旅游品牌建设是重要的宣传工作之一。网络营销要注意最大程度上吸人眼球,树立环保绿色为主的乡村旅游形象,使游客数量得到增加。除此之外,还要明确乡村区域范围内所有的独特自然资源、原始生态景观以及特色文化,将这些优势合理利用,开发别具一格的旅游项目,打造出自身品牌。

我国历史悠久,许多城市都有着自己独特的历史与人文气息,很多乡村也是这样。国民经济不断提高的今天,有的乡村地区成为社会主义新农村建设的试验点,通过乡村旅游行业的发展,使当地经济水平得到很大提高。滦平县某乡村以农业作为主要经济来源,在当地政府的指引与帮助下,开发了特色蔬菜种植项目,并鼓励村民积极参与到乡村生态化旅游的开发工作中,打造该乡村的特色品牌,成为承德一带最火爆的乡村旅游景点。在全国各地像滦平县中这样的乡村很多,他们在发展农业的同时,建设了集观光、体验、休闲为一体的乡村生态化旅游区域。在建设过程中,不但当地农村经济得到提高,还会带动周边许多产业的发展,达到了合作共赢的目的。

(四)坚持生态优先,发展乡村旅游

乡村旅游给农村经济的发展提供源源不断的动力,但要尽量避免乡村生态化旅游的商业化、雷同化以及对乡村环境造成的污染。这些现象对乡村旅游的发展都十分不利。很多地区在乡村旅游的建设过程中，对资源一味开发，在这一过程中会出现许多生活垃圾，若这些垃圾不能够合理处理，则会对自然环境造成极大的破坏。乡村环境在超负荷的情况下进行开发，最终生态系统将全面瘫痪。过分追求利益的同时必然会使乡村生态化旅游越来越商业化，忽略了乡村旅游的最初目的。对资源无节制的开发与利用，会使一些不可再生资源无法继续服务于乡村旅游，过度的商业化也会对当地的民风民俗传统文化造成冲击，使乡村生态化旅游失去其独特的优势，对其持续发展带来许多不良影响。要使乡村生态环境与乡村旅游共同发展，最重要的是要对当地景点与自然资源进行合理保护。同时在发展乡村生态化旅游的过程中要坚持生态优先，从开发工作中的点点滴滴做起。

在乡村生态化旅游漫长的发展过程中，很多投资者认为乡村旅游是将娱乐方式从城市搬到农村，并没有看清乡村旅游的本质。事实上，乡村旅游出现的最初阶段就是以生态化为主，在旅游的开发过程中对乡村环境起到一定的保护作用。乡村旅游包含的范围十分广泛，它不只包括与农业相关的体验活动，还包括对大自然的了解、对生态环境的重新认识，一些参与性较强的活动，在丰富旅行内容的同时也具有很大的教育意义。游客能够在游玩过程中体会当地风土民情，获得全新的体验。我国学者曾经对乡村生态化旅游目前存在的问题进行分析，绝大多数都是因为开发者与相关工作者对乡村生态化旅游的认识不充分，生态观念薄弱。乡村旅游的突出问题，事实上就是环境保护问题，想要使自然、乡村旅游、利益相关者和谐发展，就要从环保意识与人文观念入手，做好协调工作。

（五）促进社区参与，实施可持续发展

乡村生态化旅游的发展对人们生活造成了巨大影响，其中不但包括环境影响，还包括文化影响，这些影响有正面也有负面。利益相关者只有认清青山绿水是乡村旅游发展基础的事实，才能更好地对资源与环境进行保护。若想使乡村生态化旅游得到发展，还要注重基础设施的完善，其中包括乡村的住宿环境、饮食卫生、医疗条件、交通条件等。基础设置的建设，不但方便了游客，也为乡村发展提供了物质保障。因此，在乡村生态旅游建设过程中，需要社区与当地村民共同参与。社区与村民是乡村生态化旅游发展的重要组成部分，需要参与旅游建设的方方面面。首先是要参与乡村旅游的规划与开发工作中，作为乡村的主人发表自己的观点。在建设与发展过程中，社区与村民也要肩负起环境保护和文化保护的重要责任，因为这片土地是他们赖以生存的家园，他们是自然资源与当地文化的继承者。在生态化旅游逐渐发展的过程中，社区要参与管控与教育的工作中，无论是对相关管理部门，开发商以及当地村民，都要使他们具有强烈的环保意识、服务意识与创新意识，只有这样才能够保证乡村生态化旅游的持续稳定发展。

二、乡村生态化旅游对农村经济贡献率的保障措施

(一) 完善乡村生态化旅游的制度保障

1. 完善管理体系和规章制度

乡村生态化旅游是以农村资源为基础发展，通过开发农村地区特有的自然资源或自然文化吸引各地游客，针对消费者的休闲、旅游、观光等需求制定方案，创新管理制度，理清乡村生态化旅游管理体制，合理利用自然资源。乡村生态化旅游随着社会的发展而变化，与时俱进。旅游企业管理下属部门较多，协调能力相对较差，宏观调控和监督管理存在一定难度，造成管理上的混乱，管理权和使用权不明确，概念不清晰，缺乏对旅游资源开发的科学规划和市场观念，如果各个因素不能协调发展，且没有相应的规章制度，很容易在管理上出现漏洞，也会出现级别越权或推卸责任等现象，严重影响农村经济的发展。乡村生态化旅游管理制度的缺乏，会导致整个市场秩序紊乱，因为管理制度不到位会造成公共设施损坏、环境遭到破坏、为消费者提供的服务差强人意等不良现象，使乡村生态化旅游遭受很大损失。

2. 完善乡村生态化旅游规划制度

对乡村土地进行正确的规划与合理的开发利用，可以为乡村生态化

旅游的发展指明方向，避免发生自然资源过度开发、破坏和浪费等现象，也有利于制定生态功能区规划方案、土地合理利用规划方案、交通便利规划方案。只有合理利用水、电、煤气、交通等生活条件，并将基础设施规划好，才能推动乡村生态化旅游业的发展。在乡村生态化旅游规划中，要把乡村的餐饮、住宿、公共场所、停车场等各项配套设施与新农村的基础设施建设、公共设施建设相融合，打造整洁卫生、干净舒适的旅游环境，展现良好的村容村貌，促进乡村生态化旅游的健康迅速发展。舒适的生活环境、便捷的交通条件、整洁的村容村貌，是乡村生态化旅游发展的重要保障。

(二) 完善乡村生态化旅游的经济保障

乡村生态化旅游的迅速发展，带动了农村经济的增长，通过"农家乐""休闲度假村""景点观光"等旅游项目，使农村建设的经济实力有了极大的提高，农村地区的基础建设也有了很大改善，乡村生态化旅游在增加农村经济收入中起到了很大的作用，促进了新农村与城乡建设齐头并进。

目前城市和农村之间还存在一定差距，乡村生态化旅游模式也面临着巨大压力，加快乡村生态化旅游发展是提高农村经济水平的关键，我们必须在乡村生态化旅游和谐发展的力量下，带动农村经济发展。在乡村生态化旅游产业中，满足消费者的基本需求，是乡村生态化旅游发展的关键。现阶段乡村生态化旅游还存在很多不完善因素，如产业链不完整、旅游产品单一、服务体系未建立等问题，使得农村经济发展较慢。想解决这些问题，需要创新发展理念，多渠道营销，构建乡村生态化旅游经济体系。

(三) 完善乡村生态化旅游的法律保障

1. 加强生态环境法律保护

生态环境对乡村生态化旅游的发展有很大的推动作用，比如气候调节、水源滋养、土壤改良、维持生物多样性等，这些都能提高乡村生态化旅游对游客的吸引力，促进乡村生态化旅游的持续发展。生态环境保护就是维护生态系统平衡，提升生态环境质量，加大生态工程建设，保持水土平衡,提高森林质量和覆盖率,加强环境整治,建设生态保护林和绿色通道。加强生态环境保护还要加强环境污染整治工作,重点是整治工业水源和大气污染,深化农村环境综合治理工作,加大环境保护监管力度,提升乡村人民对生态环境保护的素养和意识。根据土地和水资源的利用情况,可以建设新型节能、节水等设施,开发风能、太阳能等可再生资源,提高生态资源的利用率,例如可以在乡村生态化旅游景点建造风能、太阳能路灯,节约资源的同时,也能提高乡村生态化旅游的技术含量。

2. 加强历史文化法律保护

为了彰显乡村生态化旅游地的特色,开发商应尽可能地挖掘各种生态文化和地方风俗,因此要加大对古文化的保护力度,在挖掘的同时不产生破坏,实行保护性开发制度,保留原有的自然生态,建立长效的物质文化保护机制,引导和鼓励人们对民间艺术的传承和延续。保护乡村生态化旅游地景观的完整,禁止人为破坏行为,加大监督力度,必要时采取法律手段。

3. 增强环保意识,强化法治观念

乡村生态化旅游作为发展产业,已经造成对环境的特殊影响和积累性的破坏,因此,乡村生态化旅游一定要加强对环境的立法及管理,要严格遵守旅游相关的环境保护法律和法规,并针对旅游业对环境影响有持续性、累计性、潜在性的特点,完善有关规定。如增加针对乡村生态化旅游的环境保护的税收,以用于修复破坏的环境等。地方政府及乡村生态化旅游主管监督部门应严格贯彻落实相关法律法规,增强法律观念,比如要想开发生态保护区,必须依据环境法规,严格规定哪些地区可以开发,哪些地区禁止开发,以及可以开发的地区规模大小、开放季节和可以接待的人数要求等。还要明文规定哪些区域严禁携带火种,严禁狩猎和破坏花草树木,严禁丢弃个人生活用品和垃圾。对故意破坏生态资源的人,加大执法力度,让他承担相应的民事和刑事责任。此外,我国在乡村生态旅游的发展规划和环境保护教育方面相对较弱,乡村生态旅游是以发展规划争取利益为目的,因此很多旅游场所急于营业,从未实施任何环境影响评价。而且在很多旅游景点，没有任何宣传栏等设施，强调环境保护意识，导游在解说中也忽略了对环境保护的重要性和做法，还有大多数从事旅游事业的人员并未受过自然资源保护和道德意识的培训。因此，我们在发展乡村生态化旅游业的同时，应当树立生态资源保护意识，加强这方面的教育，对游客的自身行为严格规范。

总之，乡村生态化旅游在为游客提供休闲娱乐的同时，也希望所有人都能做到对生态资源和环境的保护。相对传统的旅游来说，乡村生态化旅游最重要的一点就是使生态资源能够可持续发展，做到生态化资源促进乡村旅游的发展，乡村旅游保护生态化资源，相互促进，共同进步，才能实现乡村生态化旅游业的持续发展，达到增加农村经济收入的目的。

第六章 乡村旅游与农业现代化产业经济创新发展

第一节 现代种业发展趋势与前沿技术

种业是农业的芯片,是落实"中国人要把饭碗端在自己手里,而且要装自己的粮食"战略的核心,是全面提升农产品加工原料品质、促进国民营养健康水平、优化农业生产结构的关键抓手,是贯彻"藏粮于地,藏粮于技",链接农业全产业链,提升中国农产品生产效率、产品品质,优化农业生产可持续性的核心产业。重视并加快发展种业相关技术,对提升中国种业产业主体竞争能力,缩小国内外种业科技水平差距,支撑现代农业发展,保障粮食和产业安全,焕发产业主体活力具有重大意义。

种业现代化包括种业全产业链中的每一个环节,现代种业的科技创新包括种质创新、品种选育、种子生产、种子加工等,涉及种质资源收集与保藏、基因编辑、性状发掘、栽培生产等不同领域技术,伴随中国农业发展,中国种业科技创新经历了由各自为政到全国一盘棋,由依托经验到科技引领,创新能力、创新人才、创新平台协同发展,由弱到强的发展过程。当前种业科技正以 CRISPR/Cas9 为代表的新一代基因编辑技术为引领,以更短周期选育品质更好、抗病虫抗逆效果更优、养分利用更高效的新品种;同时通过发掘作物重要性状、解析功能基因、结合育种目标、开发广适性的遗传转化体系,能够进一步加速新品种选育效率,有力支撑现代种业发展。

一、现代种业发展趋势

一是市场开放加速产业主体提升竞争水平。改革开放以来，种子从地域管控的生产资料，转变为可流通的商品，极大地推动了中国种子到种业的发展，种子商品化率逐年快速提高，种子产业主体开始形成。21世纪《中华人民共和国种子法》颁布施行，中国通过政企分开、事企脱钩、逐步开放等一系列重大举措，打破了种子管理机构独家经营种子的体制藩篱，推动中国现代种业快速发展，种业产业主体快速增加并开始壮大。经过一系列市场竞争，中国持证种子企业行业整合度显著提升，经过市场磨砺，产业主体竞争水平显著提升，不仅占据了一定的市场份额，还发展出能够提供全链条技术服务的服务能力，并结合国家"走出去"号召，中国排名前十的种子企业纷纷开拓海外市场，并发起海外大型并购，进一步强化了科技创新能力，为推动中国种业健康发展，逐步进入世界领跑俱乐部奠定了良好基础。

二是科技创新成为产业主体赢得市场的最核心竞争力。以科技投入为代表的研发创新能力差别成为种业产业主体竞争的核心优势，并会在新的研发成果进入市场的过程中进行新一轮行业并购和集中度提升，成为产业领先主体进行多轮扩张的核心竞争力。

三是全球化跨领域市场竞争将成为种业产业发展的新常态。当前世界经济增长速度放缓，单边主义和保护主义抬头对全球化市场之间的要素快速流通和产品推广造成一定影响，但在多边主义和自由贸易为主流的世界格局下，市场全球化的方向没有改变。在这一背景下，新的竞争模式和科技融合创新加速了种业产业主体的升级优化。

二、现代种业前沿技术

随着基因编辑、基因测序和基因组学等技术的快速发展，育种技术从常规杂交育种进入了分子育种时代，极大扩展了育种技术的边界，材料技术、信息技术、大数据与智能技术的融入加速了种业科技研发效率,未来可持续性、代际稳定性、高生产效率、抗病抗逆及营养等功能性品种开发将会成为种业创新的主题。

(一) 全基因组测序和关联分析

作物品种参考基因组序列图谱绘制、全基因组重测序和关联分析研究逐渐成为未来重要的发展方向。利用近缘种、农家种、主栽品种及其远缘杂交所构建的异位系、附加系、代换系及突变体库等材料进行全基因组重测序;开展亲缘种复杂性状的基因组学、表观基因组学、比较基因组学和进化基因组学研究,在全基因组水平上揭示品种起源与驯化历史,以及多倍体、二倍化遗传与表观遗传学机制,解析作物品种重要农艺性状形成的遗传调控网络,发掘并利用优异等位基因;拓展野生种质资源研究,从野生资源的收集、保存转向深入研究和利用,通过遗传群体构建或多种质资源的深度重测序,充分利用和挖掘野生遗传资源。

(二) 表型分析平台建设和技术创新

中国作物品种种质资源丰富,构建的遗传群体数目庞大,用于表型鉴定花费的人力、物力不计其数,如何快速准确地获得植物单株或品系的表型数据,一直是种业科技工作者面临的困境。表型分析平台就是新兴的、可以进行种质资源表型研究和精准鉴定的大型科学装置或设施,利用高分辨激光/软射线成像系统、高精度图像解析与重建等方法和技术,搭建表型分析平台,如无人机搭载高清摄像机或红外仪等,通过遥感技术实现对大范围田间作物的表型采集。

(三) 功能基因组研究

功能基因组学已成为目前生命科学的研究热点与重点发展方向。随着人类基因组、模式动植物基因组等测序工作的相继完成,生命科学从整体上已进入以功能基因组学研究为核心的后测序时代。

(四) 基因编辑技术

基因编辑技术是利用人工核酸酶对基因组进行靶向修饰的遗传工程技术。在不断的探索研究中,基因编辑技术已经从最初依赖细胞自然发生的同源重组,发展到几乎可在任意位点进行的靶向切割,其操作的简易性和高效性极大地推动了物种遗传改造的发展。

CRISPR/Cas9 基因编辑系统由于设计简便及高效的特点，已经成为目前应用最为广泛的基因编辑技术，小麦、水稻和玉米三大重要农作物成功实现了单碱基编辑技术并运用到性状改良上。此外，通过将 CRISPR/Cas9 蛋白和 gRNA 在体外组装成核糖核蛋白复合体（RNP），再利用基因枪法进行转化和定点编辑，成功建立了全程无外源 DNA 的基因组编辑体系。基因编辑技术将最大程度减少监管，建立起精准、生物安全的新一代育种技术体系，加快作物基因组编辑育种产业化进程。

（五）芯片开发及辅助育种

长期以来，局限于不同作物品种功能基因的数量和注释信息太少，分子辅助育种技术一直无法推广，伴随着基因组测序和基因克隆技术的发展，会有越来越多的作物功能基因被克隆和应用到分子育种实践中，同时，针对不同特征基因将会开发出丰富的基因检测芯片，快速鉴别筛分特征性状，大幅提升高通量品种筛选鉴定效率，从而辅助育种。

第二节　食品产业发展趋势与前沿技术

食品产业是中国国民经济发展的支柱产业，也是十分重要的民生保障，肩负着为广大人民群众供给安全卫生、营养健康食品的职责。在国际上，食品产业被称为永不衰败的朝阳产业，是国际社会发展重要的研究主题之一。现代食品产业可以利用农牧产品，增加农民收入，助力乡村振兴，充分利用先进的食品加工技术，支持科研机构、高等院校、大型企业采用新工艺、新技术开发科技含量高、附加值高的新产品，提高精深加工产品和新产品的比重，提升农产品转化增值能力及企业核心竞争力；推进商业模式创新，建立网络电商平台（线上平台），通过线上交易、交流、宣传、协作等，提升食品产业附加值和软实力通过产业链延伸，促进农村一二三产业融合发展，增加农民收入，助推脱贫攻坚。

当前，中国食品产业处于历史性的战略转型期，食品产业逐渐向高端制造、绿色环保、技术创新、全球化方向发展，这既是食品产业发展的挑战，更是机遇。因此，全面实施食品科技创新，搭建创新平台，推进科技成果转化，把科技创新作为加快食品产业升级的重要支撑，具有重大意义。

一、食品产业发展趋势

随着全球经济社会格局的持续变革和科学技术的创新引领及学科之间的交叉融合，食品科技创新与产业发展正迎来一个难得的战略机遇期。食品产业已不只是为了简单满足人们对食物的基本需求，更是融合一二三产业的关键一环，承担着经济转型与社会可持续发展等新的职责。近年来，中国在食品科技研发方面的投入持续增加，已取得了十分显著的进展：在食品科技核心关键技术领域取得了重大突破，搭建了更多的产学研结合的对接平台，进一步完善了食品行业标准体系，为中国食品产业的健康可持续发展提供了有力支撑。

（一）肉类加工业

近年来，中国畜牧业发展迅速。但中国农业供求失衡带来的结构性问题日益凸显，畜牧业同样面临着这些问题。随着社会经济的快速发展，人民生活水平大幅提升，对肉类食物的消费需求也在逐步升级，向更多品种、更方便、更安全、更营养等肉类精深加工方向发展。当前，中国肉制品产业已由过去的数量不足转变为结构性短缺，其根本原因是供给侧的体制机制障碍及国家相关产业政策的配套不足。未来应大力发展养殖和加工业，扩大中高端肉类的供给；同时，还应加快推进肉类制品品牌建设，提升肉制品卫生和质量安全。

（二）乳制品工业

随着社会经济的快速发展和人们生活水平的不断提高，乳制品在人们饮食结构中的占比逐步增长。目前，中国乳制品还存在成本高、产品结构简单等问题。中国乳制品消费仍处于较低水平，不到世界平均水平的三分之一，约为亚洲平均水平的二分之一，发展潜力巨大。未来国内优势乳制品企业将通过兼并重组进一步扩大生产销售规模，行业将进入兼并重组的活跃期；企业自有奶源牧场规模将继续扩大，生鲜乳原料的质量得到较大提升；中国乳制品进口市场快速增长，国内乳制品产业对国际市场的依赖程度进一步加深；随着城镇化建设加快，国内乳制品市场将进一步持续快速发展。

（三）水产品加工业

由于中国拥有广阔的资源和市场，水产品加工产业链比较完整，产品也具有多样化类型。目前，中国水产品加工业还存在许多问题：加工率与资源利用率低；食品质量安全监督有待加强；生产成本高，出口竞争力弱，进口市场的快速增长加大了对国内水产品产业的冲击。当前，国务院已出台了一系列推动农（渔）产品加工业发展的相关政策，进一步推动供给侧结构改革和供需结构升级，在生产方面，随着农业农村部（现农业农村部）确立"调优养殖布局、调减捕捞产能"的政策，水产品总产量或在现有基础上削减，水产品价格或将保持稳定或小幅上升。在国际市场方面，预计水产品出口延续小幅增长态势。

（四）粮油加工业

近年来，中国粮油加工业发展迅速，产品和质量都有了大幅提升。目前，中国粮油加工业正处于转变经济增长方式、调整产业结构重要时期，粮油加工业总体保持平稳较快发展趋势，但是仍不能满足国内日益增长的消费需求。虽然中国对粮油需求总量的增速降低，但仍将继续保持刚性增长的趋势，粮油加工业将进一步发展。为满足中国粮油市场的需求，要在进一步坚持立足国内的同时，根据"适度进口"的原则、充分利用国内外两种资源、两个市场，以确保国家粮油安全；加快提升中国粮油加工设备的研发和制造水平，实现粮油加工业清洁化、节能化生产；实现麦麸、稻壳、米糠等农产品副产物资源的综合利用，进一步延伸农业加工产业链。

（五）方便食品制造业

方便食品是以米、面、肉类、蔬菜等食品原料加工成半成品或成品，可直接食用或通过简单烹制即可食用的食品。近年来，中国方便食品企业在产品创新方面取得了显著成效，得到了社会的高度认可，促进了行业的发展。消费环境和消费方式的改变，导致人们对方便食品的品质要求也相应提高，结合世界行业发展趋势，传统特色小吃、素食、清真食品、高端个性化定制化产品、微冻微波熟制食品等将成为未来开发的潮流；未来方便食品行业的发展将更加依赖价值驱动；餐饮、业务市场的开发需求会进一步加大。

（六）食品添加剂和配料工业

食品添加剂行业是中国食品工业的重要组成部分，食品添加剂产品在提升食品品质、改善食品口感、延长保质期、确保食品安全、助推食品工业的技术创新等方面发挥着重要作用。伴随着中国食品工业的快速发展，食品添加剂行业也在不断成长和壮大，产品品种更加丰富，产品质量不断提高，企业集中度也越来越高，在食品加工和生产中的重要性日益突出。

随着现代食品工业的发展，中国食品添加剂和配料行业也将更加规范化、标准化、系统化和国际化，防腐剂、着色剂、增稠剂、甜味剂、乳化剂、食用香精香料等行业将成为中国食品添加剂行业发展的重点。未来几年内，婴幼儿配方食品、功能保健食品、特殊膳食食品将成为食品添加剂的快速增长应用领域。

（七）营养与保健品制造业

保健品食品行业是中国食品行业的重要支柱产业之一，已列入国家食品安全规划，是保障中国养老产业和健康服务业的重要组成部分。在中国申报的保健食品中，补充营养、增强免疫力、缓解疲劳、降血糖和血脂等功能食品申报频次较高。保健食品行业发展迅速，母婴类、中药类保健产品市场前景广阔；同时，保健产品的市场监管将实行"双轨制"，监管力度会更加严格。

（八）食品装备业

目前，在主要食品产业的生产领域，基本上实现了食品装备的国产化。随着中国食品产业的高速发展，国产食品装备在生产效率、安全性、自动化、智能化等方面还亟须提升。未来食品装备工业将继续稳定发展，并逐步进入结构调整和转型阶段：跨界、融合、创新成为行业发展的潮流；绿色制造和智能制造将改变传统制造模式；食品安全生产实现全程数据化、可追溯化；食品装备生产领域进一步细分市场；食品工业互联网将快速发展。

当前，中国食品行业面临新的需求和挑战，应该进一步加强全面统筹规划，实施前瞻性部署：大力培养一批站在食品行业科技前沿、具有国际视野和能力的领军人才，为提升食品科技创新提供人才保障；优化食品科技创新平台布局，构筑食品科技创新先发优势；支持发展高新技术产业，提升食品产业核心竞争力；加强国际交流合作，推动各方共赢发展；完善科技成果转化政策体系，激励科技人员积极参与，推进科研成果的产业化应用；强化生产全过程控制、全链条追溯，提高食品安全保障。

在科技创新上，应进一步提高产业支撑能力和自主创新能力，完成从跟跑、并跑、领跑"三跑并存"向多领域并跑、领跑新格局的超越。一是加大食品科学基础性研究投入支持，增强食品学科前沿技术综合实力，实现食品科技新装备、新技术的关键突破；二是建立完善食品科技新方法、食品安全新标准，努力使在工业化生产、绿色制造、食品安全、智能装备、精准营养、食品生物工程等食品相关领域的科技水平进入世界领先行列。

在产业结构上，食品加工关键技术与装备制造水平显著提高，重点装备自给率大幅提升；新旧动能转化加快，绿色智能制造水平大幅提高，促进食品产业从粗犷增长到集约型发展、从注重数量到提质增效、从高能耗高污染到绿色节能环保、从依赖国外引进到依靠国内创新等方向进行产业升级。

在食品营养与安全上，食品工业进入营养健康转型升级期，向美味、多样、方便、安全、健康、营养的方向发展。应进一步提升食品安全综合保障能力；健全基于风险分析和供应链全程控制的食品安全科技支撑框架；强化食品安全风险评估基础研究和数据库建设；加强食品安全危害识别与检测技术研发；强化基于大数据的信息化、智能化风险溯源与预警体系建设；实施知识产权战略，强化国际交流与成果转化应用。

在产业形态上，物联网、大数据、工业云、人工智能等前沿技术广泛应用于食品产业的设计研发、生产制造、消费流通等领域，食品产业与农业、生态、医药、健康、文化、教育等行业将进一步融合，形成以农业观光、生态旅游、医药制造、民俗文化等一二三产业有机融合、良性发展的新经济模式和新发展格局。

二、食品产业前沿技术

目前，全球食品产业正处于新时代的升级转型浪潮中，产品更加多元化、营养化，加工制造业趋向绿色化、智能化，食品加工机械装备更新换代更加迅速，非热加工、物性修饰、3D打印、分子生物学、基因工程、酶工程、代谢工程、发酵工程等现代食品前沿技术更多应用到食品产业当中，科技创新成为驱动食品产业可持续发展的不竭动力源泉。

（一）食品原料开发与增值

目前，中国食品行业存在原料利用率低、普适性原料少、特色原料开发不足等现象，因此，利用食品产业技术改进传统食品加工工艺并提高原料利用率成为研究的重点内容。在原料育种方面，将传统育种技术与现代杂交育种、分子育种技术相结合，改良作物新品种，提高原料加工性能；利用各地特有的区域资源；开发具有民族特色的传统膳食；高效转化并利用农作物副产品，实现农产品的精深加工；开发食品原料的DNA条形码技术，建立基于基因检测手段的食品溯源安全检测体系。

（二）现代食品生物技术

现代生物技术在食品工业领域的应用，引发了全球食品工业的产业革命，给食品产业带来巨大的发展潜力。以食品酶工程、发酵工程、基因工程和蛋白质工程为核心的食品生物技术，加快了传统食品加工向现代生物加工转型，促使食品产业升级改造、提高生产效率和资源利用率、转变食品产业经济增长方式；基于微生物代谢网络、基因组学分析及共享数据库等方法，定向挖掘了具有特定功能的微生物和蛋白酶；运用分子生物学、结构信息学、基因工程、蛋白质工程等手段，实现了食品酶的分子改造和定向进化；结合细胞和酶的固定化、生物反应器等酶工程手段，生产加工功能性脂肪酸、碳水化合物、氨基酸和短肽等功能营养配料；实现功能性益生菌的高效定向筛选技术，以益生菌等功能性微生物的功能优化和生物加工效率优化为目标，构建功能基因发掘和分子改造，提升功能性微生物的抗胁迫能力和功能特征。此外，在微生物基因组与功能基因组的基础上，解析微生物细胞的物质与能量代谢过程，研究正向与反向代谢网络分析技术、代谢产物途径优化改造技术，研究细胞信号传导和基因调控网络、生物系统组成之间的相互关系，应用于功能活性物质的生物合成和生产调控。

（三）食品营养设计与开发

针对目前中国食品营养研究基础薄弱、个性化健康食品较少等现象，加强个性设计与食品科技创新的结合，开发适用于中国居民饮食特点的健康新品，通过食品营养的靶向设计，搭建针对不同人群的健康模型，提供营养设计的理论基础；依据不同人群的膳食需求，设计开发个性化方便食品，满足老人、患者、孕妇、婴幼儿等不同群体对食品营养的多样化需求；进一步升级食品设计理念，完善特殊食品的营养搭配和食品外包装设计，满足人们对个性化食品色、香、味、营养的多种需求。

（四）食品加工技术创新与应用

目前，中国食品加工产业还处于比较粗犷的水平，高新技术储备不足，食品安全、环保等问题还有待改善。当前，食品加工新技术的快速发展，为中国食品加工行业的转型升级提供了极大的助力和保障。未来，各种食品加工新技术的应用及对食品营养体系的影响将成为研究的重点和热点。一是以脉冲磁场、电离辐射、高压二氧化碳、物理超高压技术为代表的非热加工技术，较好地保持食品的固有色泽、质构、营养成分；二是以超声波辅助为主的功能性成分提取增效技术和超临界萃取为代表的绿色功能成分提取技术的应用开发；三是以脂质纳米颗粒等为代表的微囊技术，进一步拓展功能成分载体选择范围，提高功能成分消化吸收效率；四是以 3D 打印为代表的个性化定制食品加工技术应用开发。

（五）物流服务系统创新与拓展

建立完善包括预冷、包装、运输、仓储、销售等环节的食品物流规范化和标准化体系；构建高效便捷的食品物流协同管理和配送体系；研究各营养组分在物流运输过程中的变化规律，阐明有害物形成与控制的调控机制；开发物流基建的节能材料，研制新一代绿色节能的制冷技术与装备；基于物流微环境参数监测、信息采集传输，开发食品物流管理智能化装备与技术。

（六）食品装备研发与制造

重点开展高效杀菌、高效分离、功能包装、节能干燥等通用装备的关键技术突破；开展肉类、果蔬、粮油等食品加工机械设备的创新和研制；研究传热传质理论、食品物料加工特性、食品机械的数字化和绿色化制造、食品生产的模块化和智能化控制、工艺流程安全卫生监测等基础理论；集成加工技术、控制技术、监测技术、物联网技术等，构建现代化智能生产线，实现食品生产装备和工艺的全面升级。

（七）食品质量安全与控制

研究确定病原菌的关键毒力因子，分析毒力因子的合成途径及致病机制；分析食品中生物及化学污染物产生的原因，建立减缓或控制各类危害物等产生的有效方法；利用现代分子生物学、免疫学及化学分析方法、高效富集方法、基因芯片技术等，快速检测特定基因或特定生物分子并提高检测灵敏度；结合多种现代分析技术，分析农药与兽药、环境污染物、违禁化学品的化学性质，建立食品中农药、兽药残留高灵敏检测技术和多残留分析检测技术。

第三节　绿色农业发展趋势与前沿技术

乡村振兴战略明确了绿色兴农的要求，为实现农业绿色可持续发展，要把绿色发展理念、技术创新和标准化贯穿在农业生产发展的方方面面。农业科技创新要突出绿色导向，加强技术研发集成，深入推进落实，把农业科技创新的方向和重点转到低耗、生态、节本、安全、优质、循环等绿色技术上来，为农业绿色发展提供支撑。

绿色农业是指将农业生产和环境保护协调起来，在促进农业发展、农户增收的同时保护环境、保证农产品质量的绿色无污染的农业发展类型，主要涉及农业面源污染治理、化学肥料和农药减施增效、循环农业、节水农业、农业防灾减灾及农村人居环境等方向。绿色农业以保障农产品安全、生态环境安全、资源合理利用为目标，全面提高农业的综合效益。为了减少农业无效供给、扩大农业有效供给，按照"重点突破、综合治理、循环利用、绿色发展"的要求，紧紧围绕"一控两减三基本"目标，进一步强化试点示范、监测考核、政策创设，走内涵式绿色农业发展道路。

一、绿色农业发展趋势

绿色农业是指一切有利于环境保护、有利于农产品数量与质量安全、有利于可持续发展的农业发展形态与模式。产业发展目标是实现农业可持续发展和推进农业现代化，确保整个国民经济的良性发展，满足21世纪城乡居民的生活需要。尽管中国的绿色农业发展势头良好，但是由于刚刚起步，尚待解决的问题很多。因此，在今后的发展中还需深刻认识发展绿色农业的必要性，客观分析绿色农业发展中面临的问题，这对进一步推进中国绿色农业发展具有重要的现实意义。

(一) 农业面源污染治理

随着中国经济的快速发展，农业生产方式也由自给自足的传统农业向集约化、专业化、规模化的现代农业转变，以高投入、高产出、高排放为特征的现代农业带来了巨大的农业面源污染问题。农业面源污染已带来严重的土壤板结、水体富营养化等一系列问题。加强农业面源污染治理，是转变农业发展方式、推进现代农业建设、实现农业可持续发展的重要任务。农业发展不仅要杜绝生态环境欠新账，而且要逐步还旧账，要打好农业面源污染治理攻坚战。

(二) 化学肥料和农药减施增效

中国化学肥料和农药过量施用现象严重，由此引起环境污染和农产品质量安全等重大问题。化肥和农药过量施用的主要原因：一是对不同区域不同种植体系肥料农药损失规律和高效利用机制缺乏深入的认识，制约了肥料农药限量标准的制定；二是化肥和农药的替代产品研发相对落后，施肥施药装备自主研发能力薄弱，肥料损失大，农药跑冒滴漏严重；三是针对不同种植体系肥料和农药减施增效的技术研发滞后，亟须加强技术集成，创新应用模式。目前，中国在减少化肥用量、转变施肥方式等方面取得了初步成效：一是化肥用量减少；二是科学施肥水平有提升；三是有机肥资源利用有所提升。

(三) 循环农业

循环农业是将种植业、畜牧业、渔业等行业与加工业等产业有机联系的综合经营方式，利用物种多样化微生物科技的核心技术在农林牧副渔多模块间形成整体生态链的良性循环，发展种养结合循环农业，围绕标准化规模养殖、秸秆循环利用、畜禽粪便制沼气三个方面的建设，按照"减量化、再利用、资源化"的循环经济理念，推动农业生产由"资源—产品—废弃物"的线性经济，向"资源—产品—再生资源—产品"的循环经济转变，可有效提升农业资源利用效率，促进农业循环经济发展。现代生态循环农业在近几年建设中得到新提升，先后两批建设国家级生态农业示范县30余个，带动省级生态农业示范县500多个，建成生态农业示范点2000多处，连续多年实施了10个循环农业示范市建设项目，这对农民增收及改变农村环境起到了重大作用。

（四）节水农业

目前，中国农业用水量大约占全国用水总量的63%，但是真正被农作物吸收利用的不到30%。中国未来水资源紧张状况仍然严峻，提倡节约用水，加大节水农业产业投入，建立高效利用水资源、降低农业总耗水量发展新模式。

（五）农业防灾减灾

受全球气候变化等自然和经济社会因素耦合影响，极端天气气候事件的时空分布、发生频率和强度有所增加，干旱、洪涝、病虫等灾害风险显著增加，农产品质量安全、外来有害生物入侵等突发事件呈增加趋势，农业防灾减灾工作仍存在工程设施不足、标准偏低、体系不全及预警监控、综合协调保障能力不足等问题，中国气象灾害所带来的损失占所有自然灾害的68.9%，对农业发展造成了巨大的阻碍。自2011年以来，气象部门切实推进农业气象服务体系和农村气象灾害防御体系建设，将气象防灾减灾工作纳入农村公共服务体系，形成政府组织领导、部门协作配合、全社会共同参与防范应对农业灾害的新格局。

（六）农村人居环境

近年来，农村人居环境建设取得显著成效，但农村人居环境状况很不平衡，以农村污水处理为例，设施建设严重滞后。为改变目前中国不少农村"垃圾靠风刮，污水靠蒸发，家里现代化，屋外脏乱差"的生活环境，各地以农村垃圾、厕所粪污、生活污水治理和村容村貌提升为主攻方向，统筹城乡发展，统筹生产生活生态，积极动员各方力量，有效整合各种资源，加快补齐农村人居环境短板。改善农村人居环境，建设美丽宜居乡村，是实施乡村振兴战略的一项重要任务。

二、绿色农业前沿技术

围绕绿色、生态、高效、优质、安全的科技需求，重点突破农业面源污染治理、化学肥料和农药减施增效、循环农业、节水农业、农业防灾减灾及农村人居环境等瓶颈问题，加快形成资源利用高效，生态系统稳定，产地环境良好，产品质量安全的农业发展新格局。

(一) 农业面源污染治理

农业面源污染以各种途径排放的氮、磷为主，具有极强隐蔽性和间歇性。当前防控农业面源污染的工作重点是开发农业面源污染监测技术、水土流失型氮磷面源污染阻截技术及针对粮食主产区的氮磷淋失阻控技术。

1. 农业面源污染监测技术

针对农业面源污染广泛性、随机性和滞后性，对面源污染的发生和发展状况建立系统的监测技术，以明确一定区域农业污染的空间分布情况及其变化过程。目前主要采用以遥感技术（RS）、地理信息系统（GIS）、全球定位系统（GPS）相耦合的"3S 技术"。未来发展的主攻方向：一是研制基于光学传感的盐分检测技术及氮、磷生物有效态原位提取设备，实现污染物高效提取和高通量检测；二是应用智能化数据分析系统，建立农业面源污染监测地理信息系统；三是要以多空间尺度和长时序监测为基础，开发基于网络的区域污染信息空间和属性数据库的大数据平台。

2. 水土流失型氮磷面源污染阻截技术

水土流失是面源污染发生的重要形式和运输的主要载体。在污染物向水体迁移过程中实施阻截，能够延长污染物在陆域的停留时间，最大限度降低进入水体污染量。实现水土流失面源污染阻截，一是采用生物措施（植被覆盖、改善土壤质地等）和工程措施（拦蓄径流、泥沙等）阻截；二是重点开展治沟造地工程地质与农田土壤湿陷稳定研究；三是构建源头削减—生物隔离—湿地消纳过程拦截和蓄存调节相结合的高效生态拦截技术系统。、

3. 粮食主产区氮磷淋失阻控技术

在小麦、玉米等粮食主产区，由于过量施肥导致氮磷淋失。目前主

要通过合理灌溉、科学轮作、填闲作物方式等对粮食产区氮磷淋失进行阻控，其中碳氮磷协同调控是当前氮磷淋失阻控的主要研究方向。针对现有的污染问题开展工作，一是利用有机肥、生物质炭等提升作物氮磷吸收；二是要以农田废弃物、畜禽养殖废弃物资源化利用为基础，研发碳氮磷协同调控产品；三是研发新型增效复混肥料、稳定性肥料和微生物肥料等相关产品及其阻控氮磷流失农艺，建立有机—无机—生物—农艺协同阻控氮磷流失综合技术。

未来面源污染防治工作，一是要以中国农业面源污染高发区为重点，以农田面源污染物溯源、迁移和转化机制等理论创新为驱动力，突破氮磷、病虫害生物、农业有机废弃物等农田污染物全方位防治与修复关键技术瓶颈；二是提升装备和产品的标准化、产业化水平，建设技术集成示范基地。

(二) 化学肥料和农药减施增效

施肥施药是为了提高作物产量，以保证人类发展对粮食的需求，但随之相伴的农产品安全、生态环境安全等问题日益严重。基于此，重点开发高效低风险小分子农药和制剂、新型肥料与化肥替代减量等前沿技术，将有利于保证作物产量和品质，同时减少资源浪费，维护生态环境。

1. 高效低风险小分子农药和制剂技术

农药是保障农业生产不可或缺的生产资料，因其特有的生态毒性，使用不当会带来诸多负面影响。当前，中国农药成分隐性风险高、药液流失严重、农药残留超标，基于此，一是采用天然源仿生技术、药剂管道输液滴干技术、不对称合成技术和绿色清洁制造技术，发展更高效、更环保、更安全的小分子绿色化学农药新品种；二是开发小分子农药的环保新剂型，研发产业化新技术。

2. 新型肥料与化肥替代减量技术

目前，中国肥料行业面临发展速度放缓、产品同质化严重、土壤结构严重恶化等问题，为完成化肥减量任务，需要开发新型肥料，调整化肥使用结构,推动产品结构和质量升级。基于此,一是重点研究区域作物养分及形态配伍、增效剂和助剂对复混肥的增效机制、肥料与植物养分供需耦合机制、有机—无机—生物协同增效机制;二是研制系列新型增效复混肥料、缓控释肥料、稳定性肥料、水溶性肥料和微生物肥料等产品;三是建立有机物料化肥替代技术、绿肥作物化肥替代技术、环境养分资源的化肥替代技术及其高效生物固氮技术新模式。

未来化学肥料和农药减施增效需抓好以下工作:一是建立高效利用机制与限量标准;二是开展新型技术集成与示范应用研究;三是构建化肥农药减施与高效利用的理论和技术体系。

(三)循环农业

围绕资源保护与节约利用、投入减量与生产清洁、污染治理与废物利用等生产需求,重点开发区域秸秆全量处理和畜禽粪便资源化利用等关键前沿技术,建立现代化循环农业产业链,实现农业资源多级利用。

1. 区域秸秆全量处理技术

区域秸秆全量处理是指在特定区域(县)将秸秆的"五料化"综合利用技术进行优化组装集成,构建适合秸秆全量处理利用的农业循环模式与技术服务体系。围绕加快发展农业循环经济需求,一是利用大数据和互联网技术降低秸秆在收储运环节中的劳动强度和运输成本;二是开展对秸秆物料特性的基础理论研究,克服秸秆本身特性带来的腐蚀和堵塞等难题;三是加强关键技术和设备研发,提升秸秆"五料化"产品质量,开展市场化利用方式,节本增效,构建大规模高效率秸秆全量处理技术体系,促进秸秆资源综合利用。

2. 畜禽粪便资源化利用技术

采用发酵等方法在微生物分解有机质过程中添加先进的吸附剂和生物发酵剂,提高磷的有效性和作物利用率,以实现畜禽粪便无害化和资源化处理。围绕畜禽养殖污染的防治需求,一是开展不同畜禽粪便产沼气性能研究,以提高厌氧发酵产气率与产气质量;二是完善畜禽粪便堆肥化处理技术,实现养分高效再循环利用;三是采用国际先进管式送风隧道发酵技术,开发新型畜禽粪便隧道式工厂化处理技术,提升农业废弃物的综合利用率;四是筛选和培育优质菌制剂,缩短物料腐熟过程,提高发酵质量;五是优化畜禽粪便资源化利用体系,实现畜禽粪便的高效利用。

未来循环农业发展,一是加强发展深度,实现资源循环利用;二是强调循环链条上的循环内容,高效运转循环农业;三是探索种养结合循环农业的新模式。

(四) 节水农业

围绕中国水资源短缺,农业用水总量大且效率低下的现状,重点开发农业控水与雨养旱作、作物生命需水过程控制与生理调控等关键技术,建立旱作农田、灌溉农业作物高效用水的现代化农业生产体系。

1. 农业控水与雨养旱作技术

农业控水与雨养旱作技术是通过种植制度调整、抗旱作物布局、抗旱品种及旱作技术配套,建立完善的农业化控节水原理及其协同调控技术模式。针对中国农业用水问题,一是开展农业用水生产效率研究与监测、集雨补灌及不同地域农田集雨保水和高效利用技术研究;二是采用精准灌溉,并根据作物自身和环境特性研究实施相应的灌溉施肥制度;三是要基于相关理论开展多水源高效安全调控和机械化提排水技术研究;四是重点突破行业核心节水、非常规水资源经济开发、水循环信息精准监测与预报等技术瓶颈。

2. 作物生命需水过程控制与生理调控技术

合理的灌溉技术能够调控作物根系生长发育,维持根冠间协调平衡的比例,从而实现提高经济产量和水分利用率的目的。针对作物水分高效利用的生长发育机制,一是探究作物调控机制,从而调控作物生理节水与耗水过程;二是要通过监测作物水分利用效率,实现对作物生命需水过程控制与生理调控;三是深入探索植物抗性基因的确定、分离、转移和抗逆新类型创造过程;四是开展光合机构高效运转水肥调控理论与技术研究研发,大幅提升作物水分利用效率。

未来节水农业要抓好五个方面的工作：一是推进品种节水，加快选育推广抗旱品种，提高水分生产率和抗旱保产能力；二是推进结构节水、立足水资源调减，调整优化品种结构，重点是调减耗水量大的作物，扩种耗水量小的作物，大力发展雨养农业；三是推进农艺节水，集成推广深耕深松、保护性耕作、秸秆还田等技术，提高土壤蓄水保墒能力；四是推进工程节水，完善农田灌排基础设施，大力发展管道输水，减少渗漏蒸发损失，提高输水效率；五是推进制度节水，推进农业水价改革，确定不同区域、不同作物灌溉定额和用水价格。

（五）农业防灾减灾

围绕农业防灾减灾的发展需求，重点开发农业防灾减灾稳产增产技术、自然灾害生态监测预警技术，建立健全农业资源环境生态监测预警机制。

1. 农业防灾减灾稳产增产技术

农业防灾减灾稳产增产技术是根据不同地区、不同作物的特点，对农业生产过程采取针对性措施以提高农业防灾减灾能力。针对目前各地防灾减灾情况，一是要推广小麦"一喷三防"、水稻集中育秧、玉米地膜覆盖和绿色防控等关键技术；二是开展不同灾种防控基础理论和技术方法研究，研发灾害监测预警与防控技术；三是发展动态评估指标、模型构建，建立基于灾种—承灾体的实时动态指标体系；四是开展气象灾害与生物灾害综合风险评估及农田生态治理模式研究，推广防灾增产技术模式，建立健全防灾减灾体系。

2. 自然灾害生态监测预警技术

利用现有的智能在线监测系统与综合监测和数值模式预报手段，建立农业气象灾害监测系统。提升中国自然灾害生态监测预警能力，一是研究针对极端气象、重大水旱、重大病虫等灾害的综合监测评估和预警分析技术模式，完善评价监测技术标准；二是要突破成灾理论、应用示范技术及风险信息服务产业化等方面的核心科学问题；三是要形成并完善从全球到区域、单灾种和多灾种相结合的多尺度分层次重大自然灾害监测预警与防范科技支撑系统；四是要推动关键技术、仪器装备标准化和产业化发展，探索科学合理的方法及技术产品，完善自然灾害生态监测预警机制。

未来农业防灾减灾要重点开展以下研究：一是开展极端天气对中国农林业生产影响的研究；二是评估与挖掘农林生态系统生物固碳、储碳潜力；三是开展农业耕作管理、施肥及灌溉等对温室气体排放控制研究；四是开展森林火灾、生物入侵成灾规律与防控机制、预测与防控技术研究。

（六）农村人居环境

围绕农村人居环境的特性开展整治行动，重点开发农村生产生活污染物无害化处理、农村绿色节能农房建造等关键技术，积极落实垃圾分类处理，增强村民环境保护意识。

1. 农村生产生活污染物无害化处理

通过物理、化学、生物等方法处理生产生活污染物，使其变废为宝是实现污染物无害化、资源再利用的重要途径。目前，中国农村垃圾分类回收网络覆盖率不高、资源回收利用能力不强。为进一步提高农村生产生活污染物无害化处理水平，一是针对不同农业废弃物的特点，研究其新型能源化、资源化高效利用方式；二是建立农业废弃物回收利用体系，探索农业废弃物资源化利用技术路线；三是推动农业废弃物与餐厨废弃物、粪便等有机质协同处理；四是推广新型农村水循环管网系统应用，充分实现农村生产生活污染物资源化利用。

2. 农村绿色节能农房建造

农村绿色节能农房建造技术是在建筑施工中使用绿色环保的建筑材料，采用抗震、防火、宜居、节能减排等施工技术，进行科学合理的施工管理。针对农房特点，一是开展绿色农房适用结构体系和建造技术、绿色农房气候适应性和周边环境营建技术研究，加快研发绿色新型建筑材料，提高农房建筑质量；二是结合绿道建设项目、河道生态、土地生态等项目工程，研发自然景观与农田景观的保护与修复技术，延长农房使用寿命。

未来农村人居环境建设目标：一是对东部地区、中西部城市近郊区等基础条件较好地区，基本实现农村生活垃圾处置体系全覆盖，完成农村户用厕所无害化改造，提高农村生活污水治理率，全面提升人居环境质量；二是对中西部具备条件的地区，力争实现90%左右的村庄生活垃圾得到治理，卫生厕所普及率达到85%左右，生活污水乱排乱放得到管控，使人居环境质量较大提升；三是对地处偏远、经济欠发达地区，在优先保障农民基本生活条件基础上，实现人居环境干净整洁的基本要求。

第四节　智能农机装备产业发展趋势与前沿技术

农业的根本出路在于机械化，智能农机装备代表着农业最先进生产力，是改善生产条件、实现精耕细作、提高生产效率、转变发展方式、增强综合生产能力的关键，是不断提高劳动生产率、土地产出率、资源利用率的重要工具，是现代农业发展的战略物质基础，也是国际农机装备产业技术竞争焦点。加快发展智能农机装备技术，对提升农机装备供给能力，缩小与国外主流产品差距，支撑现代农业发展，保障粮食和产业安全具有重大意义。

智能农机装备融合生物和农艺技术，集成先进设计、制造与智能控制、新一代信息通信、新材料等高新技术的信息化、智能化的先进装备，是涵盖粮、棉、油、糖等大宗粮食和战略性经济作物育、耕、种、管、收、运、储等主要生产过程使用的装备农机。装备技术经历了从替代人畜力的机械化阶段，正以电控技术为基础实现自动化应用，并朝着以信息技术为核心的智能化与先进制造方向发展，其显著特点是以机械装备为载体，融合电子、信息、生物、材料、现代制造等高新技术，不断增强装备适应性能，拓展精准作业功能，保障季节性作业可靠性，提升复杂结构制造高效性，改善机械化作业与土壤、动植物、人、生态环境协调性，实现安全可靠、自动高效、精准智能，以支撑现代农业发展。

一、智能农机装备产业发展趋势

农机装备是现代农业发展的重要物质基础，是《中国制造 2025》的十大重点领域之一。党中央指出，要加快建设制造强国，加快发展先进制造业，要实施乡村振兴战略，构建现代农业产业体系、生产体系、经营体系，要推动新型工业化、信息化、城镇化、农业现代化同步发展，加快推进农业农村现代化。国家提出，推进中国农机装备产业转型升级，加强科研机构、设备制造企业联合攻关，进一步提高大宗农作物机械国产化水平，加快研发经济作物、养殖业、丘陵山区农林机械，发展高端农机装备制造。近年来，中国高度重视农业生产和农机装备的发展，中国农机装备产业供给侧改革取得初步成效。

经过近年的发展，农机装备产业已形成较为完整的工业体系：一是产业规模快速增长。二是制造体系基本健全，形成了 14 大类、50 小类、4000 多个品种农机产品系列。拖拉机、联合收获机、植保机械、农用水泵等产品产量全球领先，植保无人机等新型农机装备蓬勃发展。三是技术水平大幅提升。一批关键技术和产品取得突破，已具备大型拖拉机量产能力，大型采棉机、甘蔗收获机实现国产化及应用。农机智能化和信息化水平快速发展，智能农机已开始试点示范。四是国际化发展成效初显。

未来智能农机装备产业发展应该以提高供给体系质量为主攻方向，以推动农机装备转型升级、提高现代农业建设装备支撑能力为目标，落实《农机装备发展行动方案（2016－2025）》，促进中国由农机制造大国向制造强国转变，显著提高农机装备有效供给能力，推动经济发展质量变革、效率变革、动力变革。实施乡村振兴战略，要求农机装备产业拓展领域、增加品种、完善功能、提升水平，并加快向自动化、信息化、智能化发展。

一是向大型化、多功能、高效率和复式联合作业发展。种植业的机械化，畜牧业和养殖业向农业装备现代化过渡，基本实现了农业专业化和机械化，农业装备朝着大型联合作业的趋势发展，机械装备具备低能耗和多功能，大型联合作业可实现免耕深松、灭茬、施肥、精密播种和超低量施药的联合作业功能。

二是向控制智能化和操作自动化发展。实现高效节本农业必须完成智能化、自动化的农业操作方式，首先实现农业装备的新型化及智能化，通过将高新技术实际运用到农业作业中，以实现农业的新型、健康发展。随着电子技术飞跃性的发展，智能监控技术完全可以被应用到农业装备的发展中，从而可以对其进行智能化的控制。当前，诸多精准农业装备的研究成果，如机器视觉、田间自动导航系统等，已得到了广泛应用，为农业装备作业效率的提升提供了坚实的基础，并从一定程度上加速了高效节本农业的落实。

三是向环保和节约资源发展。应用现代化农业装备技术，其主要目的是提高资源的利用效率，提升农业劳动生产效率，将先进技术与高新技术相结合，有效提高技术的高效性与实用性。农业资源的全价值利用与高效利用可以有效节约农业资源及减少环境的污染。通过先进技术的广泛应用，如遥感技术、传感技术、电子技术、机器人等，进一步推进农业装备作业过程中的资源节约与劳动节约，减少资源浪费，提高利用率，减少劳动输出并增加收益。

四是进一步向顶级设计、高级智造方向发展。设计理念更为先进，无论是信息化、智能化技术的应用，还是外观设计，都展现了现代农业和未来农业发展前景。无论主机设计还是零部件设计，包括制造水平、工艺及色彩，达到了赏心悦目的效果。

未来一段时间，是中国农机装备产业处于由制造大国向制造强国、科技强国、质量强国转变的关键时期，加强智能理念、智能装备、新材料等与农机装备的深度融合，不断推进关键零部件及农业机器人、植保无人机等智能化、高端化农机装备的产品创新，将成为关键。未来，随着智能农机装备技术持续升级，产业不断加快发展，中国农业现代化建设将有望迎来重大突破，创造农业发展史上的又一个里程碑。

二、智能农机装备产业前沿技术

随着全球新一轮科技革命和产业变革加速，学科交叉融合，信息技术、传感技术、生物技术、机器人技术、新材料技术、新能源技术广泛渗透，新一代人工智能、大数据、物联网基础理论和技术突破及深入应用，智能农机装备向大型化、高效率、多功能、复式联合作业，向信息化、智能化、精准化、高效化、节能化和服务化方向快速发展，向养殖、加工等领域深入延伸拓展。

（一）动植物生理、生长、环境信息感知技术

围绕"大规模、全自动、全生育期"的农业动植物信息智能感知、精准解析和高效利用的需求，利用人机协作的群体计算等技术来实现农业动植物多源异构信息的智能感知，构建典型动植物表型组数据库；开展动植物多尺度表型数据结构化、形式化和可视化方法，数据驱动和机器学习的表型信息高分辨、高通量解析方法的研究，构建典型农业动植物表型知识图谱；结合基因组、转录组、蛋白质组等组学信息，研究基于深度学习的农业动植物信息智能识别技术。环境信息感知包括快速采集土壤信息（土壤在农机具作用下的力学表征、土壤氮磷钾等含量、土壤信息的空间分布差异的表征、大面积地形地貌的测定和表征等）的原理和传感器原理、水信息（土壤水分、水营养含量）测定技术和传感器、作物和禽畜及水产品生物信息量（包括各种生命特征的感知和获取原理）及传感器、图像采集传感器和分析技术等。

（二）光感控制节能、感知记忆等智能新材料技术

围绕光感控制节能、仿生减阻、功能包敷、感知记忆等智能材料发展需求，以农业覆膜、高能蓄热、保温聚水、强化延寿等为重点，研究

自检测、自判断、自指令、自结论等功能感知材料，自主高能蓄热材料；作业仿生、高强度自磨刃、阻力与弹变自适应、高尘重载摩擦表面强化等耐磨延寿材料，抗老化、抗雾滴、抗浮尘、光感自适应、生物可降解温室覆膜、地膜覆盖材料、肥料缓释包膜、种子包衣、蓄水保墒等包敷材料，可食用涂敷保鲜、选择性自适应等包装材料。通过智能新材料技术的研发，满足农业智能装备与设施、功能农资、绿色包装、智慧传感等现代农业发展需要。

（三）农业生产过程中人、机、环境与信息的跨媒体数据获取、融合、挖掘、智能决策技术

研究农业大数据挖掘、智能感知与农业模型智能化构建技术，跨媒体高层语义信息的相关性分析及分类技术，利用统计相关性实现农业模型参数的智能化提取与调优；探索农业生产过程中人、机、动植物、生产环境与信息的跨界融合、数据挖掘、柔性动态诊断、群智能决策等技术，实现物联网数据实时驱动和知识引导的农业生产智能诊断决策，以及农产品生产全过程信息的智能化识别、标识与溯源；构建网络化农业智能模型应用平台，提高农业智能模型运行的适应性与泛化能力，实现农业资源的综合、归纳和过滤及个性化搜索。

（四）人机协同、机群协同、人机物协同作业技术

立足于解决农业领域数据及相关信息的复杂关联、开放性和交互性的问题，开展人机物协同感知与关联性研究，以实现机器、物和人在物理、信息、知识领域的协同与交互；基于物联网、内容/知识网、人机网系统平台，将机器智能、普适智能和人的知识、智慧结合在一起，通过人机物共同决策和行为响应，形成一个感知、识别、响应的智能控制闭合回路；针对农业应用场景，开展行为意图理解与预测理论，复杂动态环境知识的主动获取、学习与推理方法，机器的自主学习与机器知识增值方法，态势感知、意图理解与自然交互方法的研究；突破农业人机物协同系统中学习与认知推理、智能计算前移、新型计算架构等挑战性问题。

（五）农机装备先进机构与仿生结构设计

研究农机装备机构拓扑结构设计和尺寸参数设计，研究机构的性能评价、机构选型、目标建模、模型求解和结果优化，研究农机装备的多刚体、多柔体、动平衡等问题，揭示机构构型尺度及结构参数与运动、驱动、承载、刚度等之间的映射规律，系统研究农业机械复杂机构的拓扑与参数一体化设计理论与方法、农机装备的动态设计等理论问题，引入多学科知识，建立农机装备真实机构学理论与方法；综合生物、材料、土壤等学科交叉融合，研究仿生非光滑、仿生柔性、仿生表面减阻、仿生松土减阻等仿生技术；研究仿生磨损农业装置，开发仿生磨损材料；研究仿生耐热、耐腐蚀的农业机械装置和仿生耐热、耐腐蚀材料。

（六）农机装备智能设计与试验验证技术

立足"智能、高效、环保"，满足定制化、多样性需求，以设计智能化、制造精益化、试验验证标准化一体化为重点，研究农机装备智能化设计技术，突破基于数据驱动和知识引导的智能数字化建模、虚拟样机动态仿真、虚拟实验验证、可靠性检测方法等共性技术，通过虚拟与增强现实和可视化等手段，对显性和隐性知识进行高效表现和直觉探索；开发全参数化驱动模型库、设计知识中心与认知和群智决策、虚拟仿真与实验系统；研究农机装备田间检测与远程运维技术，突破田间载荷、工况环境、失效特征、作业质量、故障预警、远程诊断与再修复等系统技术。

（七）农机装备先进制造与生产组织管理技术

满足用户个性化需求的不断变化，市场竞争对农机装备制造系统灵活性、敏捷性和智能性的需求，研究高档数控机床与工业机器人的集成技术，研制新型传感器、智能测量仪表、工业控制系统、伺服电机及驱动器和减速器等智能核心装置，开展专家系统、制造执行系统（MES）、企业资源计划管理系统（ERP）、数据资源管理系统（PDM/PLM）、人机智能交互等技术和装备在生产过程中的应用研究，搭建农机装备智能制造环境，建设农机装备智能工厂/数字化车间，实现制造工艺的仿真优化、数字化控制、状态信息实时检测、故障诊断和自适应控制研究，农机装备智能车间订单产品制造工艺规划方法、生产作业调度方法、生产物料协调与优化配置方法、生产作业负荷均衡与生产设备配置方法、基于订单变化的生产物料、工艺及设备动态调整方法，解决农机装备智能制造各个环节的信息沟通与效率问题，完善各环节信息流和知识库，构建智能制造流程与体系，形成智能制造生产模式。

（八）农机装备高能驱动与高效传动技术

研究低油耗、低排放、低噪声、新能源发动机技术，以及发动机高压共轨控制、排气涡轮增压、电控喷射等关键技术，研制适用于农用动力机械的电控喷射与新能源发动机。研究农业动力机械动力换挡、液压机械无级变速、机具匹配等关键技术，研究自动换挡控制策略和控制方法，研制自动换挡变速箱和液压机械无级变速箱。

（九）农机装备大田精准作业技术

围绕大田农业增产增效、品质提升、资源节约、生态可持续发展需求，主要包括"星—机—网"农业生命信息、土壤信息和农田环境信息协同感知与机载快速获取技术、航空、航天和地面农业信息获取技术、农田精准作业导航与变量作业控制技术、精准农业农田信息快速获取技术、精准作业数字化管理与智能决策等，研究农业信息精测技术、变量作业精施装备技术，开发具有自主导航、多维信息实时融合、多机协同操作等功能的精细耕作、精密播种、精量灌溉、精准施肥、对靶喷药、自动除草和自主收获等智能化装备及系统；研究系统装备作业精管技术，开发基于知识驱动云管理技术的全程机械化机群作业质量监控、农机装备运维管理知识中心，构建大田精准农业作业技术体系。

（十）农业机器人技术

围绕非完全信息环境下感知与认知、人机交互与群体智能决策、灵巧型末端智能执行等重点研究方法，研究农业智能作业机器人感知技术，研究群体与环境数据分析的主动感知与人机融合的群体智能演进机制，开发基于视觉、触觉、听觉、味觉技术的空间环境、靶标位置与形态等多模态信息感知系统，开展人机交互、深度学习与群体智能决策技术研究。

(十一) 农田智能作业系统及装备

围绕关键核心技术自主化，主导装备智能化发展需求，以粮、棉、油、糖等大宗粮食和战略性经济作物育、耕、种、管、收、运、储等主要生产过程及现代果园、设施园艺与养殖智能生产为重点，研发高效环保农林智能动力、多功能与定位变量作业、设施种植和健康养殖智能化精细生产、农产品产地绿色节能处理及林木培育、智能采收加工等重大智能技术与装备，提高农机装备信息收集、智能决策和精准作业能力，推进形成面向农业智能生产的整体解决方案。

(十二) 农业智能作业机器人

研究开发农用机器人通用控制软件、安全控制、靶向目标、高精度运动解算及规划等人机协同群体智能决策系统；开展高效鲁棒机器人专用驱动及末端执行机构技术研究，开发具有高性能伺服、振动抑制、惯量动态补偿的驱动机构和多指灵巧手、快换功能的末端执行器；开发自动巡检、密闭环境与靶向施药、精密定植、选择剪枝、快速套袋、识别采集、柔性搬运、智能分拣等农业智能作业机器人。

(十三) 农机装备智能化生产线

以流程制造、离散制造、智能管理、智能服务为重点，开展制造与生产组织管理技术研究，开发小批量定制化制造快速响应、动态调度、自主生产无人值守、制造资源效率评估系统；开展物流与供应链管理技术研究，开发物流与供应链成本分析与控制、快速精确反应系统；推进以数字化/智能化工厂为方向的流程制造、以数字化车间/智能工厂为方向的离散制造、以个性化定制/网络协同开发/电子商务为代表的智能制造新业态新模式、以物流管理/能源管理智慧化为方向的智能化管理、以在线监测/远程诊断与云服务为代表的智能服务一体化的智能制造生产线。

（十四）农机智能调度与运维管理平台

围绕农机集群作业产生的海量时空特性数据，研究基于多传感器信息融合的农机作业故障预警模型，实现农机作业故障的快速定位、诊断和预警，缩短农机运维时间，提升农机工作效率；建立农机作业协同调度模型和农机作业路径规划模型，实现数据驱动和知识引导的农机作业自主决策；开展农机作业海量多源异构大数据接入、融合、存储和计算技术研究，构建农机智能调度与运维管理服务平台，实现海量多源异构数据的弹性运算、可靠存储、高效分析和智慧服务，使农机资源能够按需按量合理分配到不同区域的农业生产中，提高农机利用效率。

第五节　农业科技创新举措

科技创新是推动农业产业兴旺的重要动力。在质量兴农、绿色兴农、深化农业供给侧结构性改革、推动农业由增产导向转向提质导向的战略部署下，从根本上需要依靠科技创新转变发展方式、转换增长动力，提高农业创新力、竞争力和全要素生产率，加速中国由农业大国向农业强国转变。鉴于中国农业产业大但不强，农产品多而不优，一二三产业融合不深，农业生产基础薄弱，现代设施装备应用缺乏，科技支撑能力仍显不足，农业经营集中度不高，农业科技人才不足，千家万户的小农户生产经营方式难以适应千变万化的大市场竞争要求等相关问题，应实施系列创新举措，提升中国农业科技水平，支撑中国农业走绿色高质量发展之路。

一、加强战略规划布局，提升农业科技供给

（一）围绕农业产业发展重大需求，系统布局科技创新专项体系

一是制定农业产业科技创新发展专项规划或文件。面向国家科技创新规划，加强顶层设计，专门针对农业产业发展过程中的"卡脖子"关键技术问题，如先进种业、高效绿色生态环境处理技术，高新智能农机

装备和农业大数据传感、集成处理技术，营养健康基础研究与食品加工应用基础研究相关高新技术等，科学统筹规划与设计，依据农业产业发展客观水平，制定切实有效、满足产业发展重大关切的科学技术创新发展规划，引导科技资源和科技人才投入产业发展最需求的领域中去。二是加强研发部署，抢占农业科技创新战略制高点。围绕农业农村产业发展重大需求、瓶颈制约问题和科技工作部署，做好农业农村科技领域的总体设计，不断优化以国家重点研发计划项目为引领的科技计划布局，构筑先发优势。在现代种业、食品营养健康、绿色生态农业、智能农业等农业产业科技创新核心领域部署实施若干重点研发专项或重大专项，不仅聚焦国内农业农村产业发展需求，更要聚焦国际农业产业发展前沿高新技术动态，超前部署一批中国农业产业发展水平的高新技术科技计划专项。三是统筹全国农业产业科技发展规划实施，依据地方农业产业发展特色和客观水平，鼓励地方政府结合当地农业产业发展需求设计并启动区域农业产业科技发展专项。加大科技专项投入，调配专项资源和政策支持，设立人才、项目和财政方面的优惠政策，引导农业产业运营主体和科技创新研发主体协同合作，提升产业主体研发创新能力的同时，提高研发创新主体对区域市场、全国市场和全球市场的直观认识，了解市场和产业发展的第一需求，围绕产业主体核心需求开展科技创新工作。

(二) 协同区域发展特征，优化部署基地平台体系

一是布局启动建设一批以农业高新技术为引领的科技园区。在建设农业高新技术产业示范区的基础上，统筹农业产业科技园区规划，科学布局农业产业科技园区建设。结合各地农业产业发展实际，高起点、高标准、宽视野编制具有科学性、前瞻性、可操作性的产业科技园区建设规划。综合考虑产业优势、发展潜力、经济实力、环境容量和资源承载能力等各种因素，系统布局国家级、省级、州市级农业产业科技园区建设。二是引导科技、信息、人才、资金等创新要素向农业产业科技园区集聚，吸引汇聚农业产业科研机构、高等院校等科技创新资源，发展面

向市场的新型农业技术研发、成果转化和产业孵化机构，建设农业科技成果转化中心、科技人员创业平台、高新技术产业孵化器及农业产业高级技能人才培训基地。

（三）创新健全投融资体系，引导研发资金投入

一是拓宽资金渠道，鼓励不同类别、不同领域资本进入农业产业科技创新投资，各级财政及涉农主管部门加大农业产业发展专项资金整合力度，调整优化支出结构，创新财政资金使用方式，鼓励通过政府和社会资本合作（PPP）、众筹、发行债券、上市融资等方式拓宽融资渠道，大力支持城市工商资本和个人资本面向农业科技领域投资。二是创新资金使用模式，吸引不同类别、不同领域资本聚集。综合采取多种方式引导社会资本和地方政府在现行政策框架下设立现代农业领域创业投资基金，支持农业科技成果在示范区转化落地；通过 PPP 等模式，吸引社会资本向农业产业示范区集聚，支持示范区的基础设施建设；鼓励社会资本在示范区所在县域使用自有资金参与投资组建村镇银行等农村金融机构。三是创新信贷投放方式，引导不同类别、不同领域资本予以支持。鼓励政策性银行、开发性金融机构和商业性金融机构，根据职能定位和业务范围为符合条件的示范区建设项目和农业高新技术企业提供信贷支持，引导风险投资、保险资金等各类资本为符合条件的农业高新技术企业融资提供支持。

二、培育农业科技创新主体，满足农业产业发展需求

进一步研究分析农业科技创新活动中企业、科研院所、高校、社会组织等各类创新主体的功能定位。结合国内外农业产业科技创新主体历程和发展特征，强化各类农业科技创新主体的分工协作，整合农业科技资源，建立协同创新机制，推动产学研用、农科教企紧密结合，鼓励企业结合市场需求和消费发展趋势，逐步发展为农业产业科技创新主体，引领创新发展，激发科技创新活力，提高科技成果转化效率。

(一) 突出推动企业成为农业产业技术创新主体

一是培育创新型农业科技企业，更好发挥企业作为技术创新决策、研发投入、科研组织和成果转化的主体作用。着重开展应用技术研发，并尽快成为农业技术创新主体；鼓励和支持企业自主开展或与优势农业科研院所、高校联合开展基础研究或应用研究。二是引导和支持企业主持或参与农业产业发展相关科技项目。不断健全和完善相关政策措施，鼓励有能力的企业自主设立课题，开展农业产业应用研究，支持企业参与或主持科技重大专项、公益性行业（农业）科研专项、高新技术产业化项目、农业科技成果转化等项目，对于产业化特征突出的重大科技项目，可由有条件的企业牵头组织实施；支持企业参与国家或地方创新团队、农业科技基础条件支撑体系和区域农业科技协作体系建设。三是合理配置现有资金、项目资源，支持有条件的企业自主建立高水平研发机构，或与农业科研院所、高校联合组建高水平研发机构，积极推动骨干企业与优势农业科研院所、高校建立实质性产学研协同创新联合体；加大农业科技企业开展农业科技创新的支持和培育力度，提升企业自主创新能力和产品竞争能力；形成完善的研发组织体系，集聚高端创新人才。四是引导领军企业联合中小企业和科研单位系统布局创新链、提供产业技术创新整体解决方案，培育一批核心技术能力突出、集成创新能力强、引领重要产业发展的创新型企业，力争使这批企业进入全球百强创新型企业。

(二) 积极发挥科研院所、高校基础研究和人才培养的优势

培育和建设世界一流的农业大学和科研院所，充分发挥高校和科研院所作为基础研究和原始创新、科技创新人才培养的主体作用。国家级农业科研院所、高校着重加强基础研究和战略性、前沿性、公益性研究；地方农业科研院所、高校着重解决本区域农业产业技术需求，开展应用研究。

一是明晰农业科研院所功能定位，增强在农业基础前沿和行业共性关键技术研发中的骨干引领作用。健全现代科研院所制度，形成符合创

新规律、体现农业产业特色、实施分类管理的法人治理结构；围绕国家重大任务，有效整合优势科研资源，建设综合性、高水平的国际化农业科技创新基地，在农业若干优势领域形成一批具有鲜明特色的世界级科学研究中心。二是大力促进建设世界一流农业大学和一流农业学科，加快中国特色现代农业大学制度建设，深入推进管、办、评分离，扩大学校办学自主权，完善学校内部治理结构；引导大学加强基础研究和追求学术卓越，组建跨学科、综合交叉的科研团队，形成一批优势学科集群和高水平科技创新基地，建立创新能力评估基础上的绩效拨款制度，系统提升人才培养、学科建设、科技研发三位一体创新水平；增强原始创新能力和服务经济社会发展能力，推动一批高水平大学和学科进入世界一流行列或前列。

（三）开放共享科技资源，促进产学研协同创新合作

加快推进科研设施与仪器向高校、科研院所、企业、社会研发组织等社会用户开放，实现资源共享，充分释放服务潜能，为科技创新和社会需求服务，为实施创新驱动发展战略提供有效支撑。

一是推动国家重大科研基础设施和大型科研仪器的开放共享，充分释放服务潜能，提高使用效率，为其他高校、科研院所、企业、社会研发组织及个人等社会用户提供服务，尤其要为创新创业、中小微企业发展提供支撑保障。二是围绕企业和农产品生产消费需求，加快农业科技知识传播、农业技术转移和科技人才交流，开放共享农业科技资源。建立科企、校企合作技术研发公共平台，国家支持建设的国家级、部级农业领域重点实验室、工程（技术）中心、检测（检验）中心、科研试验（示范）基地、种质资源库（圃）、农业数据库等科研设施与科技资源，建立面向企业的开放共享制度。三是国家支持的科研活动所获得的信息资料，要在符合国家安全规定、明晰并保护知识产权的前提下，最大限度地向社会公开。将企业从事科技创新的基本情况纳入农业科技统计范围当中。

三、健全创新人才体系，壮大农业科技人才队伍

与实施乡村振兴战略和人才强国战略的内在需求相比，中国农业农村人才的规模、结构、素质等仍存在不小的差距。推动农业农村现代化，急需培养一批紧跟国际农业科技前沿和战略性新兴产业，引领相关行业和领域科技创新发展方向、组织完成重大科技任务的领军人才；造就一批着眼于推动企业成为技术创新主体、加快科技成果转移转化，具有创新创业能力的优秀创业人才；稳定一批从事农业产业技术研发、推广、管理的新型农业技术人员、职业农民和服务基层的农技推广人才。

（一）加强多学科融合，大力培养引进创新型人才及团队

一是加快农业创新人才培养模式创新，根据现代农业产业发展的特点，引导推动农业创新人才培养链与产业链、创新链有机衔接。加强不同学科领域的交叉融合，将人工智能、大数据、物联网、生物信息学等技术理论思想融入相关学科，通过学科和课程设置的优化，培养出更加符合产业需求的复合型人才。二是依托国家各类人才计划和项目，向农业科技人才倾斜，鼓励优秀青年人才申报国家杰出青年科学基金、优秀青年基金，注重对高层次人才和紧缺人才的引进，培养造就专业化、复合型的人才队伍与创新团队。三是紧密结合国家重大战略需求，加强多层次、跨行业、跨专业的农业创新人才培养，进一步加大对优秀中青年人才和高水平创新团队的支持力度，为农业科技创新与产业的可持续发展提供人才支撑。

（二）激发创业创新热情，培养和造就一批科技创业人才

一是发挥科技特派员优势，实现从科技扶贫向科技创业转变。鼓励科技特派员通过资金入股、技术参股、技术承包等形式，与所在地区农民、专业大户、龙头企业结成利益共同体，逐步形成"利益共享与风险共担相结合、市场驱动与政府引导相结合、利益回报与风险防范相结合、激励与约束相结合"的多元化、开放式、充满活力的农村科技创业新机制。二是大力培育农业高技术企业，培养科技创业人才。鼓励引导有志于农业的有识之士，通过改造提升传统农业产业企业、领办创办农

业高新技术企业等方式，大力培育农业高新技术企业，不断激发农业高新技术企业研发人员的创业活力和热情，培养造就一批农业复合人才和具有创新精神的企业家。三是不断建立健全农业科技创新创业载体平台，加快星创天地、高校新农村发展研究院等建设，培育发展新型农业经营和服务主体，不断完善农业农村科技服务体系；制定并落实涉农领域创业的各项扶持政策和人才评价机制，对在促进现代农业发展和新农村建设中做出贡献的农业创业人才，予以一定的保障和奖励，为创业人才营造良好的创业环境。

（三）完善农村实用人才培养机制，稳定一批农业专业推广人才和队伍

一是健全培训体系，优化专业人才队伍，培养农业产业技术研发、推广、管理等人才；支持和鼓励农业科研院所和高校对农业技术人员、新型职业农民、新型农业经营主体负责人、农村实用人才等开展常态化的培训，加大培训投入，整合培训资源，增强培训能力，创新培训机制，建设具有区域特点的农民培训基地，提升农民职业技能，优化农业从业者结构。鼓励科研院所、高校、企业和社会力量开展专业化教育，培训更多爱农业、懂技术、善经营的新型职业农民。二是进一步完善符合农业科研和技术推广特点的长期稳定培养支持机制，打造具有国际水平的农业科研人才队伍，促进农技推广人才队伍健康发展；完善农村实用人才培养机制，启动实施农村实用人才"学历提升计划"；搭建让各类人才创造活力竞相迸发、聪明才智充分涌流的发展平台，建立更加体现人才价值导向的分配激励机制。三是为农业农村人才成长创造良好环境：充分利用、整合现有各类支持政策，积极推动在市场准入、财政税收、金融服务、用地用电、教育培训、社会保障等方面出台扶持政策，帮助他们在农业农村现代化的生动实践中快速成长。

四、强化农业科技国际合作，融入全球农业产业发展创新网络

当前，国际经济增长趋缓，国际经济发展格局开始发生重大变化，以遏制新兴经济体和发展中国家发展为目标的单边主义和贸易保护主义

抬头,为世界农业产业科技创新发展带来一定阻力。为促进中国和世界农业产业科技创新健康稳健发展,应强化农业产业科技创新国际合作,防止政治壁垒向科技壁垒方向的延伸。

(一)开展农业产业科技创新战略与政策研究,提出未来针对性、契合度更强的合作路线图

针对典型农业产业发达国家相关农业优势领域,从国家科技战略、规划、布局、政策及科学研究前沿等角度开展前瞻性、针对性的创新政策研究及智库建设,研究其在此领域的科技发展趋势,开展科学评估与预测预判,学习借鉴国外先进经验,形成符合中国国情的科技创新的主要任务和发展重点,提出有针对性的政策建议和保障措施,为中国相关农业领域的可持续发展提供政策支撑,并为持续开展国际务实合作提供有益借鉴。

(二)开展农业产业创新合作创新活动,推动一批高质量联合研发项目落地

围绕营养与健康、生物技术、动物科学、绿色生态与可持续技术、智慧农业等农业产业高新技术领域,与典型先进国家共同就基础科学、应用前沿、产业化应用等研究热点和方向,以创新成果为导向,组织召开高层论坛或科技创新交流会议,邀请国内外科学家、企业家参会,围绕全产业链科技创新开展深入交流研讨,对一些急需解决的重大难点问题,以国际合作研发项目或科学计划等形式组织联合研究与攻关,加速打造科研学术高地,以期获得一批重要的联合研究成果。

(三)实施多层次农业科技交流与人才培养举措,促进密切交流与创新人才培养

推动形成农业科技管理人员互访机制,推动政府间围绕科技合作意向、共同面对的农业产业科技创新问题和科技合作计划进行深入探讨。针对跨国合作优先领域发展技术难题,组织高层次科技人才定期互访,建立常态化的交流互访机制,促进农业产业科技信息、科技成果和科研骨干的互动交流,同时通过联合培养硕博研究生等形式,提升中国农业

科研能力及水平,加快优先领域合作,尽快取得突破性进展。

第六节　乡村旅游与农业现代化融合发展

相较于传统农业,现代化农业更强调动态管理,目的是通过现代已有条件,对农业进行改造和升级,提高经济效益,优化劳动力,转变经济增长方式,促进农业发展朝着又好又快的方向转变。当前,要促进农业现代化与旅游业相结合,创新多种模式,建立新型农业服务机制,使农民生活朝着可持续的方向发展。

一、乡村旅游与农业现代化融合发展的重要性

随着可持续发展战略、绿色产业等新观念的深入,农业现代化被赋予了新的价值。这种价值是基于发展的前提,以农业建设为根本,从农民自身出发,提出切实可行的发展意见。这就要求人们必须通过对农业现代化建设的内涵进行重新解读,加强相关人员对于现代化建设的研究,结合农业现状进行调整,优化农业发展结构,全面贯彻落实发展战略。以农业为基础,以旅游为有效途径,结合多种方式,全面贯彻与落实农产品的发展,统筹兼顾,远程规划,协调社会生产,为农民提供更有保障的生活条件,为农村的发展注入新的活力。乡村旅游与农业现代化融合,有利于推进农业现代化建设,转变发展方式,有效地提升农业的产业结构,促进农业更好发展;有利于缓解农业与人口的矛盾,为人民提供更加优质的农业资源;有利于推进农村现代化建设,促进农村旅游产业升级,提高自身竞争力,在提升农村旅行产品和形象的同时,增强产业的科技含量。

二、乡村旅游与农业现代化融合发展的路径

(一)完善基础设施整合农业资源

受到长期以来的二元模式、二元经济结构的影响,二元户籍体系对

我国发展起到强有力的支撑作用。但是，目前二元户籍制度出现了严重的城乡分离现象，不利于乡村振兴战略。这种现象主要表现在公共产品的供给格局上。为此，应采取以下措施。

1. 建立长期且有效的资金投入机制

政府应从农业基础设施建设入手，建立长期且有效的资金投入机制，优化农业基础设施投资效率，在提高自身价值的同时，促进我国农业财政资金的使用效率。农业部门以及乡村人员应当根据实际发展需要，完善基础设施建设，整合农业资源，使资金可以发挥更大的效率。

2. 发展农业现代化建设

必须从经验生产转到科学生产方面，从手工畜牧业转到机械化发展中来。在保障农民基本生活条件的基础上，达到生产高效、能耗低量的方式。

3. 提高农民参与农业基础设施建设的能力

要培养农民参与农业基础设施建设的主人翁意识，提高其参与农业基础设施建设的能力，使其参与到施工决策、建设、养护、培训等过程中。可以组织以乡村为单位的人民进行相关知识的学习，使其认识到国家是以"授之以渔"的方式帮助自身发展。

(二) 发展合作经济组织提高经济效益

在千年的发展过程当中，我国农民的小农意识较为普遍，缺乏合作意识和竞争精神，这对于现有的专业经济组织来说是十分具有挑战性的。目前，由农民组成的合作经济组织存在着数量不多、质量不高、可行性发展较低的问题，不利于农民发家致富。因此，相关人员应当重视小农意识对农民思想的影响，全面提高农民的自身素质，结合当地实际，大力推进农业现代化建设。

(三) 重视乡村文化推进产业旅游

为了发展农业现代化，加强乡村农业建设，政府应深入挖掘乡村文化的独特性，发扬特色乡村文化，营造发展乡村文化氛围，形成自身发展的乡村旅行文化。将文化属性赋予农业将有利于增加资源整合，统筹协调乡村经济建设，在提高乡村自身竞争力的同时实现新农村的建设。这样不仅可以节约成本，缩小城乡差距，还可以推进乡村的现代化建设。

综上，在乡村发展的过程中，乡村旅游与现代化农业建设有着密不可分的关系。通过生态治理与乡村景观、乡土风情与新农村建设、科学技术与旅游业、旅游体验与乡村文化、生活方式与旅行行为、公共服务与旅游服务的融合，展示出乡村旅游发展建设的特色，为我国旅游业发展、农业经济发展提供内在动力，促使我国农业经济稳定、健康发展。

第七章　农村经济结构升级路径

第一节　大力推进农业产业结构转型升级

大力推进农业产业结构转型升级对于加快转变经济发展方式具有重大意义，是当前和今后时期现代化建设的一项重大任务。当前，我国应重点做好以下几项工作。

一、推动战略性新兴产业健康发展

一是做好统筹规划，调动各方的积极性，加速推进重大技术突破，加快形成先导性、支柱性产业，切实提高产业核心竞争力和经济效益。二是加大财税金融支持力度。按照加快培育发展战略性新兴产业的决策和规划，落实并完善财政、金融、税收等方面的优惠政策。继续安排专项资金，统筹推进重大产业创新发展工程和应用示范工程。三是完善市场培育、应用与准入政策。支持扩大节能环保、生物产业、新能源、新能源汽车等产品市场，继续做好"三网融合"工作，加快建立重要产品技术标准体系，优化市场准入管理程序。四是加快突破新兴产业核心关键技术。加大投入、依托企业、健全机制，整体推进电子信息、先进制造、节能环保、生物医药等领域技术研发，争取掌握一批具有发展主导地位的关键核心技术。同时，加强战略性新兴产业领域基础和前沿技术研究。

二、加快企业技术改造

一是加快推进技术创新和科技成果产业化，推动先进技术产业化应用。二是加快推广应用先进制造系统、智能制造设备及大型成套技术装备，支持重点企业瞄准世界前沿技术，加快装备升级改造，推动关键领域的技术装备达到国际先进水平。三是加快推广国内外先进节能、节水、节材技术和工艺，提高能源资源利用效率，提高成熟适用的生产技术普及率。四是着力推进精益制造，改进工艺流程，提高制造水平。五是深化信息技术应用，加快推广应用现代生产管理系统等关键共性技术，推进信息化和工业化深度融合。

三、鼓励企业跨行业、跨区域、跨所有制兼并重组

总体要求：要以科学发展观为指导，以产业结构调整为主线，以规模效益显著的行业为重点，坚持市场化运作，发挥企业主体作用，充分发挥政府引导作用，提高产业集中度和资源配置效率，提高国际竞争力，推动重点行业健康有序发展，加快经济结构调整和发展方式转变。

一是坚持市场化运作，发挥企业主体作用。充分发挥市场的基础性作用，遵循经济规律和市场准则，尊重企业意愿，由企业通过平等协商，自愿自主地开展兼并重组。二是完善政策措施，发挥政府引导作用。完善相关行业规划和政策措施，努力营造有利于企业兼并重组的政策环境。完善企业兼并重组服务管理体系，努力消除制约企业兼并重组的体制机制障碍，规范行政行为。三是推动体制创新，加快转型升级。支持企业通过兼并重组完善治理结构，增强技术优势，开展管理创新，加强品牌建设，淘汰落后产能，提高国际竞争力，推进转型升级。四是实行分类指导，促进大中小企业协调发展。结合行业自身特点和企业实际情况实行分类指导，促进各种所有制企业公平竞争和优胜劣汰，促进大中小企业协调发展，形成结构合理、有效竞争、规范有序的市场格局。五是加强统筹兼顾，维护企业、社会和谐稳定。严格执行相关法律法规和产业政策，兼顾国家、地方、企业和职工的利益，依法维护债权人、债务人和企业职工等利益主体的合法权益，促进社会和谐稳定发展。

四、进一步发展壮大服务业

要立足我国产业基础,发挥比较优势,以市场需求为导向,突出重点,引导资源要素合理集聚,构建结构优化、水平先进、开放共赢、优势互补的服务业发展格局。一是要加快发展生产性服务业。围绕促进工业转型升级和加快农业现代化进程,推动生产性服务业向中、高端发展,深化产业融合,细化专业分工,增强服务功能,提高创新能力,不断提高我国产业综合竞争力。二是满足人民群众多层次、多样化需求,大力发展生活性服务业,丰富服务供给,完善服务标准,提高服务质量,不断满足广大人民群众日益增长的物质文化生活需要。在巩固传统业态基础上,积极拓展新型服务领域,不断培育形成服务业新的增长点。从促进消费升级出发,不断创造新的消费需求,特别是要把基于宽带和无线的信息消费作为新一轮扩大消费需求的重点领域,积极培育发展电子商务、网络文化、数字家庭等新兴消费热点。三是以发展农村经济、促进农业现代化、增加农民收入和提高农民生活质量为重点,贯彻统筹城乡发展的基本方略,协同推进城镇化和农村发展,积极引导各类市场主体进入,推动农村服务业水平尽快上一个新台阶。四是紧扣海洋经济发展战略部署和要求,加强陆海统筹,不断拓展服务领域,提升服务层次和水平。五是统筹国内服务业发展和对外开放,加快转变对外贸易发展方式,大力发展服务贸易,积极合理有效利用外资,推动有条件的服务业企业"走出去",完善更加适应发展开放型经济要求的体制机制,有效防范风险,充分利用好国际国内两个市场、两种资源,积极参与服务贸易规则制定,深入推进与港澳台地区服务业合作,在更大范围、更广领域、更高层次上参与服务业国际合作与竞争。六是大力推进服务业各项改革,着力破除制约服务业发展的体制机制障碍,争取在重点领域和关键环节取得突破,进一步研究制定促进服务业加快发展的政策措施,完善服务业市场监管体系,营造有利于服务业发展的体制机制和政策环境。

五、大力支持小型微型企业发展

小型微型企业在增加就业、促进经济增长、科技创新、民生改善、社会和谐稳定等方面具有不可替代的作用，对促进产业优化升级、转变经济发展方式、推动国民经济和社会持续健康发展具有重要的战略意义。

第一，要进一步加大财税政策支持力度。一是建立财政支持资金稳定增长机制。要进一步落实好"资金总规模要逐年增加"的政策，继续加大力度，建立资金总规模稳定增长的机制。二是加强国家小型微型企业发展基金的设立工作。加快出台基金设立、管理、运作等相关文件，让基金尽快发挥作用。三是进一步研究税收政策。突出扶持科技型、创业型和劳动密集型小型微型企业的发展，形成系统完备、有利于企业发展的税收政策体系。四是继续清理整顿涉及小型微型企业的不合理负担。继续减免部分涉企收费，规范具有垄断性的经营服务性收费。

第二，要进一步推动解决小型微型企业融资问题。要按照深化金融体制改革，健全促进宏观经济稳定、支持实体经济发展的现代金融体系精神，研究建立小型微型企业政策性金融体系，加快建立覆盖全社会的小型微型企业信用信息征集与评价体系，完善小型微型企业信用担保体系，加大政策引导小型微型企业创业（风险）投资发展的力度，切实降低融资成本，多方位满足小型微型企业金融需求。

第三，要进一步提高小型微型企业发展的质量和效益。要大力转变小型微型企业发展方式，坚持"专精特新"，鼓励小型微型企业走专业化、精细化、特色化、新颖化发展道路；坚持集群发展，积极发展专业化产业集群，提高小型微型企业集聚度，提高与大型企业的协作配套水平；坚持转型升级，支持小型微型企业运用先进适用技术以及新工艺、新设备、新材料进行技术改造，提高产品质量和附加值；加强管理，积极引导小型微型企业加强基础管理，推进企业制度创新和管理创新，加快推进小型微型企业信息化，大力提升小型微型企业管理水平。

第四，大力推进服务体系建设。支持建立和完善为小型微型企业服务的公共服务平台。实施小型微型企业公共服务平台网络建设工程，调动和优化配置服务资源，增强政策咨询、创业创新、知识产权、投资融资、管理诊断、检验检测、人才培训市场开拓、财务指导、信息化服务等各类服务功能，重点为小型微型企业提供质优价惠的服务。

第二节 促进消费主导型经济结构的形成

消费需求是社会总需求的最终落脚点，是经济发展最重要的制约因素，作为拉动经济增长的"三驾马车"之一，与投资需求和出口需求相比，它是经济增长中最稳定、最基础的需求。一国经济发展的快慢，很大程度上取决于消费需求的大小。消费需求的规模扩大和结构升级是促进经济快速健康发展的根本动力。

改革开放以来，我国一直十分重视经济结构和经济发展方式问题。坚持扩大内需特别是消费需求的战略，加快形成消费、投资、出口协调拉动经济增长的新局面。我国应以扩大居民消费需求为着力点，大力增强消费对经济发展的推动作用，努力构建消费主导型发展模式，促进消费主导型经济结构的形成，使我国经济进入新的发展境界。

一、构建消费主导型经济结构的必要性

（一）扩大消费有利于增强我国经济增长的稳定性

从国际经验来看，大国经济一般都是内需主导型经济。大国与小国的发展模式不同：小国资源有限，必须依靠对外贸易，大国则应该依靠内需来发展经济。扩大消费需求，把消费作为拉动经济增长的主动力，有利于增强经济增长的稳定性。一方面，在投资、消费和出口拉动经济增长的三大需求中，消费增长最为稳定，对经济增长的拉动作用最为持久。在国内生产总值（GDP）年新增额中，消费需求变动幅度小于投资和净出口的波动幅度，即在经济扩张时期，消费需求扩张不如投资扩张

得那么明显，在经济收缩时期，消费需求收缩也没有投资需求收缩得那么快。另一方面，在消费需求、投资需求和出口需求中，消费需求作为最终需求，对总需求的增长具有决定性作用。特别是从中长期来看，没有消费需求支撑的高投资必定是不可持续的。

（二）扩大消费是促进经济协调发展的根本出路

我国部门结构的失衡，从内外需来看，表现为内需不足；从内需来看，表现为消费需求不足。除个别年份外，多年来消费增长慢于 GDP 的增长，导致最终消费占 GDP 的比重即消费率不断下降。

从国际比较角度来看，与相同工业化阶段的多国模型相比，我国的消费率明显低于钱纳里模型中的标准值。因此，扩大消费需求、提高消费率有利于改善投资消费比例失衡状况，有利于促进国民经济均衡发展。

（三）扩大消费是实现经济发展目的的最佳途径

消费是社会再生产的终点或最终目的，生产与消费作为经济社会活动的两个重要环节，只有保持关系平衡才能维持社会再生产的顺利进行。如果商品不能被消费者接受，不能实现"惊险的跳跃"，那么摔坏的就不是商品而是商品生产者。在生产和消费的关系中，应该突出人的需要即消费。积累国家的财富绝不是成立政府的目的；政府的目的是使全体公民都能感受到物质生活所带来的快乐。国民福利的提高源于国民总效用的增加，最能提升国民总效用的方法就是增加商品和服务的总消费，而投资活动本身并不能增加国民效用。在投资增长过快、投资率过高的情况下，尽管经济增长速度很快，但由于约一半国民产出用于投资，经济高增长并未带来大多数民众福利水平的同步提高。这既不符合经济发展的最终目的，也与全面建成惠及广大人民群众的小康社会的战略目标相背离。

二、我国消费主导型经济结构的实现途径

扩大内需、刺激消费是我国经济可持续增长的有效手段。居民消费

增长率每提高1个百分点，大致相当于投资率提高1.5个百分点。尽管消费对拉动经济增长的效应非常明显，但要实现我国经济增长由以投资和出口拉动为主向以消费拉动为主的转变，仍然面临一些政策性和体制性障碍，尤其是消费环境不容乐观、假冒伪劣产品屡禁不止、社会保障不全面、城乡收入差距过大等问题成为影响当前消费增长的突出障碍。因此，政府要努力创造条件，多管齐下，加快实现消费主导型经济结构的进程。

(一) 改善民生，扩大居民消费

一是千方百计扩大就业。要把扩大就业摆在经济社会发展更加突出的位置，坚持实施积极的就业政策，强化政府促进就业的公共服务职能，健全就业服务体系，加快建立政府扶助、社会参与的职业技能培训机制，完善对困难群众的就业援助制度。二是合理调节收入分配。要坚持各种生产要素按贡献参与分配，着力提高低收入者收入水平，逐步扩大中等收入者比重，在经济发展基础上逐步提高最低生活保障和最低工资标准。三是完善公共卫生和医疗服务体系。加大政府对卫生事业的投入力度，大力发展社区卫生服务。深化医疗卫生体制改革，认真研究并逐步解决群众看病难、看病贵的问题。四是深化教育改革。强化政府的义务教育保证责任，大力发展职业教育，加大教育投入，建立有效的教育资助体系。

(二) 提高农村居民收入

扩大消费需求的重点应放在提高农民收入上。为此，一要采取综合措施，广泛开辟农民增收渠道。二要大力发展县域经济，加强农村劳动力技能培训，引导富余劳动力向非农产业和城镇有序转移，带动乡镇企业和小城镇发展。三要继续完善现有农业补贴政策，保持农产品价格的合理水平，逐步建立符合国情的农业支持保护制度。四要加大扶贫开发力度，提高贫困地区人口素质，改善基本生产生活条件，开辟增收途径。五要逐步建立城乡统一的劳动力市场和公平竞争的就业制度，依法保障进城务工人员的各项权益。

（三）整顿市场秩序，净化消费环境

混乱的市场经济秩序会恶化消费环境。整顿和规范市场经济秩序的中心内容是直接关系到广大群众切身利益、社会危害严重的突出问题，应坚决打击制售假冒伪劣商品的行为，切实维护消费者合法权益。因此，创造良好的消费环境，既是整顿和规范市场经济秩序的主要内容，又是促进我国消费主导型经济结构形成的必要条件。

（四）扩大社会保障覆盖面，提高社会保障水平

消费者普遍的心理预期是未来收入具有不确定性和支出具有确定性。为此，要建立健全与经济发展水平相适应的社会保障体系，合理确定保障标准和方式；完善城镇职工基本养老和基本医疗、失业、工伤、生育保险制度；增加财政的社会保障投入，多渠道筹措社会保障基金；逐步提高基本养老保险社会统筹层次；解决进城务工人员社会保障问题等。同时，把健全面向中低收入群体的供给体系作为扩大消费的重点，促进消费潜力的有效释放。当前消费不振的原因之一在于消费结构断档，供给与需求结构不衔接。一方面，高档消费品供给过多，需求不足；另一方面，适合中低收入群体的房地产、汽车、教育、医疗等产品供给不足，远远不能满足需求。因此，政府一方面应当对高档消费品的生产和消费通过税费形式加以限制；另一方面，要采取必要手段，加大对普通大众可承受的廉价商品供给力度，从而有效引导普通大众消费潜力的释放。

第三节　推动区域城乡经济结构协调发展

一、构建中国的橄榄形社会

一个社会的稳定性同社会阶层财富的分布结构有关，所谓橄榄形社会是指社会阶层财富的分布结构呈中间阶层大两头小的橄榄形状，具体情况大致是中产阶层占绝大多数，富豪阶层和赤贫阶层占少数，中间阶

层因占大多数,其财富或收入水平最接近全社会平均水平,自然形成处于对立两极阶层冲突的缓冲阶层。根据社会学理论可知,橄榄形社会是稳定和谐的社会。

扩大中等收入者比重,形成橄榄形分配格局的目标就是使收入分配相对比较平均,中等收入者占多数。这样做一方面有利于社会稳定,另一方面也有利于满足大多数人民群众日益增长的物质和文化需求,并能够推动经济的均衡增长。

改革开放后,由于市场经济体制和社会经济发展的需要和压力,国家相继出台了一些较为具体的户口管理政策,解决了户口管理和经济社会发展中的一些问题。其目标和原则是,为进一步密切党和政府与人民群众的关系,使户口管理制度在促进人口合理、有序流动和促进经济发展、社会进步等方面发挥更大的作用,有必要在继续严格控制大城市规模、合理发展中等城市和小城市的原则下,逐步改革现行户口管理制度,适时调整有关具体政策。

近年来,中国政府推行的包括免除农业税、在一定程度上推行的义务教育农村医疗保险的推广和全覆盖等在内的一系列重大举措,表明中国政府正在实践科学发展观的伟大思想。然而,中国城乡二元户籍制度的根基非常牢固,它对中国经济社会产生的影响是深远的,更准确地讲,其后遗症是非常严重的。中国城乡二元户籍制度不仅导致了今天的城乡二元结构的形成,而且城乡二元户籍制度严重阻碍了劳动力在城乡之间的自由流动。在当前我国社会主义市场经济体制下,城乡之间的资源配置依然不均衡。因此,毫无疑问,必须打破城乡二元结构,实现劳动力在城乡之间的完全自由流动,实现真正的社会主义市场经济。另外,非系统性的、非协调性的一些城乡统筹措施不仅不利于城乡融合,反而可能会引起新的问题,如新市民的职业培训、就业和创业环境的培育及发展问题,新市民子女的义务教育问题,城市化过程中完全失地者的发展问题,等等。这些都是二元户籍制度与一元户籍制度的衔接问题。如何防止城乡之间二元结构变成城市内部的二元结构,从而避免恶化城市原有的二元结构的情况出现,是建立统一户籍制度的过程中必须通盘考虑的重大问题。

统筹城乡发展,以一元体制替代二元结构体制,消除二元经济结构,实现可持续发展,是中国建立社会主义市场经济体制的目的和必然归属。统筹城乡发展是中国经济社会中长期发展的目标。在促成中国城乡二元结构形成和发展的因素中,体制因素多于技术因素。与此相对应,中国的城乡统筹发展实践中存在的困难和障碍往往主要是体制的因素。各地市的城乡统筹措施也都是从改革和完善体制入手的。中国城乡二元结构本质上主要是传统计划经济的产物,而城乡统筹发展就是要破除城乡二元结构体制,建立城乡融合的统一市场。

中国的城乡统筹发展不仅涉及经济理论的创新和政治体制的改革,而且实践性强。现有利益格局是城乡统筹发展的具体障碍,而城乡统筹发展必然触及现有利益格局。因此,中国现有的城乡统筹实践是在利益调整之中进行的。城乡统筹不仅需要国家层面的政策和财政支持,更需要地方财政的支撑。因而中国比较典型的城乡统筹成功案例基本出现于条件比较好的地方,如北京市、深圳市以及西部地区经济领头羊的成渝地区城乡统筹试验区的城乡统筹发展都比较成功。

中国城乡二元结构非常独特、典型,而且由于中国幅员辽阔,城乡发展差距巨大,各地的城乡统筹发展经验都很有价值。

二、在城乡统筹发展中转换农村经济结构

城乡统筹发展的目标就是要消除二元经济结构,或者说城乡统筹发展就是要实现从二元经济结构到一元经济结构的转变。在体制创新和技术创新的双重作用下,农村剩余劳动力能够被及时有效地转移到劳动生产率更高的部门。在转移农村剩余劳动力的同时,农业部门广泛使用农业生产技术,实现规模化经营,最终使得无论是转移到城镇的劳动力人口,还是选择继续从事农业生产经营活动的劳动力人口的收入都趋同于全国的平均收入水平,使农村人口整体融入现代化的社会大家庭中。根

据中国现在的发展阶段和各级政府积累的物质财富，可以从新农村建设、工业化和信息化以及城市化等几个层次来实现二元经济结构的转换。

(一) 新农村建设

从经济学、社会学、政治学等全方位来看，在某种程度上，新农村建设就是在农村聚集生产要素，改造和重塑农村传统的社区结构，使乡村人口从传统的生产、生活方式转向现代化的生产生活方式。顾名思义，新农村建设的目的就是让部分乡村人口在农村安居乐业，就地发展。但新农村建设应该考虑周边环境的自然条件和市场条件，适当集中。以农村土地集体所有制的配套改革为基础的新农村建设可以促进农业生产的规模化、社会化、服务组织化。我国应在农村推进城镇化的发展，通过实施农业产业化经营，规模化开发生产基地，促进农业产业结构调整和优化，从而提高农业内部劳动生产率、增加农业经营者的收入。

(二) 工业化和信息化

工业高速增长是吸纳农村剩余劳动力的最佳途径，也是经济结构转型的必由之路。中国工业的高速增长得益于改革开放、低成本的农村剩余劳动力工资、外部市场需求的拉动。今后中国工业化、信息化的扩张动力将不仅来源于继续吸纳农村剩余劳动力，更大的动力将来源于这部分人口收入增加后内需的持续增长。工业化使得农村剩余劳动力由劳动生产率低的部门流向劳动生产率高的部门。这会增加全社会的产出，也会增加农村剩余劳动力的收入。传统农业是低附加值产业，而工业和信息产业才是高附加值行业。

(三) 城市化

城市化是解决农村剩余劳动力的有效做法。在传统计划经济体制下，农村剩余劳动力的排挤、限制是政府实行高度集中的计划经济的产物。改革开放后，中国政府对农民工城市化的顾虑是农民工进城会分享部分既得利益者的短期利益。然而，从全社会资源最优的角度考虑，由于城市的劳动边际产出大于农村的劳动边际产出，让更多的农民工进入城市工作就能够带来更快的经济增长，并且缩小城乡之间的差距。正因为这样，现在各级地方政府都倾向于为农村剩余劳动力进城就业甚至是创业创造条件。各地方政府都不懈地进行招商引资，为本地农村剩余劳动力解决就业问题，以提高本地经济增长速度。在这方面，可以说重庆、成都是大量利用内资和外资解决农村剩余劳动力和推进城乡统筹发展的成功典范。

第四节　加快推进农村三大产业的融合发展

一、深化农业管理体制改革

现代农业发展的产业融合，必然涉及对土地、水利、林木等农业资源进行市场化的优化配置，客观需要融合型的农业管理思维和服务。其途径便是深化农业管理体制改革。

一是推进农业大部制改革，实行一体化管理，建立适应融合型农业发展的管理体制。首先，合并现有的中央农业直接管理部门，组建农业农村部，实行大部制管理，统筹农业、林业、水利设施、土地资源、林业资源等发展规划以及相关公共政策的制定。将涉农管理的各个环节，包括农资供应、农业初级产品生产、农产品加工、包装、储运、销售、食品安全、检验检疫等纳入管理系统，避免职能交叉，多头管理。其次，整合地方农业管理部门职能，实行分工管理。中央农业管理实行大部制后，地方农业管理部门亦需要进行相应的整合性改革。整合性改革的依据是在明确中央农业农村部宏观管理职能的前提下，对省、市、县、乡镇级的农业、水利、畜牧、林业管理机构进行整合归并，实行农业统一管理。同时，根据本地农业发展的实际需要因地制宜地制定农业发展规划和政策措施，不必建立上下完全"对口"的机构和运转机制。相关研究表明，一体化管理是发达市场经济国家农业管理体制的共同特点。

二是拓宽农业管理的范围，实行宽领域管理。随着农业与相关产业融合，现代农业的功能日益扩展，产业发展空间更大，农业行政管理领域不能仅局限于农、林、牧、渔业的生产管理，而应进一步深入土地规划利用、农业教育、科研、推广、农村发展、农业生产资料供应、农产品加工、农产品质量标准、食品安全、生物多样性、生态安全等更加宽泛的涉农领域，实行宽领域管理。

三是赋予农业管理部门有效的管理权力和手段。通过农业立法，对农业部门制定农业发展政策、宏观调控农业的行政手段，如财政、金融、税收、价格、补贴等经济手段以及制定农业行政法规和执法手段，进行法治化的明确和规范，建立起相应的法律依据，使农业管理部门成为拥有实际管理权限、权责统一的管理部门，提高管理绩效。

二、加强农业科技体系建设

（一）调整农业科技发展战略

产业融合有利于提高农业的信息化、生态化、服务化、集约化水平，促进农民增收和农村经济发展，但需要相应的技术进步成果作为支撑。农业科技主管部门应根据中国农业转型的实际，及时调整农业科技战略目标、战略方向、战略重点和战略措施。在战略目标上，要努力实现农业科技整体实力进入世界前列，促进农业综合生产能力的提高，有效保障国家食物安全。在战略方向上，从仅仅注重提高农作物产量转向同时注重提高农作物产量和质量、提高农产品精深加工水平和鲜活储运等生产和流通技术的研发；从注重资源开发转向注重资源开发技术与市场开拓技术的结合；从注重在某些领域"跟踪"和"赶超"发达国家，转向根据中国新农村建设的现实需求进行自主创新。在战略重点上，以满足农民实际需求为导向，重点支持生物技术、良种培育、丰产栽培、农业节水、疫病防控、循环农业等高产集约型农业技术创新以及信息采集、精准作业、农村远程通信等农业数字化技术创新，将技术创新与农村需求、农业发展和农民增收有机结合起来。在战略措施上，可考虑建立综合性、跨学科的国家农业科技创新体系，以促进产业融合为出发点，整合全国涉农科技资源，通过重大、重点课题立项，以"学科带头人研究团队"的方式，在进行原始创新、消化吸收再创新的同时，进行集成创新，将农业科技成果建立在跨学科、跨专业、跨产业的基础之上，为农业与相关产业融合提供技术支持。

(二) 提高农业科技进步成效

首先，增加农业科技投资总量。农业科技产品属于准公共物品，尽管受专利法保护，但具有一定的非排他性（如农业生物产品在生产过程中可以自我繁殖）和非竞争性（某个农业生产者对某项技术的采用不对其他生产者采用该技术构成限制）。因此，必然存在市场供给农业科技产品不足的情况，需要政府提供农业科技产品。从中国农业科技投入资金来源来看，政府拨款是主渠道，非政府投入起重要补充作用。增加政府的农业公共科技投资是提高农业科技投资总量的根本选择。

其次，优化农业科技投资结构。农业基础研究中的技术创新一般主要体现为生物技术创新。生物体的种植和养殖周期比工业生产长得多，尤其要受到自然条件和生物本身生长规律的制约，其创新周期相当长。因此，我国需要建立起科技投入支持的长效机制。针对中国农业基础研究投入少、研究周期短的实际情况，农业科技主管部门在农业科技创新研究项目立项时，应留出相当比例的经费以用于支持农业基础研究，适当延长研究周期，并进行持续稳定的研究投入支持。

最后，提高农业科技贡献率。农业科技贡献率是农业科技进步的直接经济成效，其高低受到众多因素的影响。其中，农业科技进步水平和农业科技成果转化机制是两大重要因素。涉农企业、科研院所是农业科技进步的主体。政府应通过产业政策调整，创建科技创新平台，建立技术进步的激励机制，鼓励科研主体进行符合农业科技战略重点的技术研究开发，取得具有自主知识产权的科技成果。

(三) 加强农业科技推广体系建设

1. 从推广主体上形成多元化的推广主体

一是明确农业科研、教育机构为农业科技推广主体，进一步发挥龙头企业、农民合作经济组织在农业科技推广中的积极作用。农业科研、教育机构拥有丰富的人才资源和技术资源，担负着科技创新和人才培养的重要职责。科技创新和人才培养只有面向社会需求，即与农业生产实际要求相吻合，才会转化为现实生产力。实现科技创新和人才培养面向社会需求的重要途径是农业科研、教育机构参与农业科技推广，在推进科技成果产业化的同时，了解农业生产经营的真正需求，实现科研与生产对接。

二是充分发挥龙头企业的农业科技推广功能。龙头企业作为产业融合的主体之一，具有农业科技知识、科技应用上的优势，可通过与农户建立利益连接机制，向农民提供农业科技指导、咨询服务。

三是充分利用农民合作经济组织的农业科技推广优势。作为维护农民利益的集体组织，农民合作经济组织具有提供农业技术信息宣传、指导服务的低交易成本优势，是农业科技推广应用的重要主体。

2. 从推广机制上建立双向互动运行机制

农业推广主体在向农民等农业生产者提供农业科技推广服务的同时，应及时了解农民的科技需求信息，并将之及时反馈给农业管理部门以及农业科研、教育机构，以便调整农业科技政策和提升农业科技推广成效，而农民则可及时将农业科技应用中存在的问题、新的农业科技需求信息及时反映给农业科研、教育机构。由此形成"自上而下"与"自下而上"相结合的双向互动机制，建立起农业科研与生产实践之间的有机关联，防止科研与生产脱节，浪费科技资源。

3. 从推广形式上实现多样化服务

农业科技推广没有统一的模式。从实际成效来看，科技特派员制度、农业技术培训、农技信息网络化等均符合技术需求主体的要求，有利于技术推广应用和双向互动运行机制的构建。信息化是现代农业发展的重要方向。政府可通过农业网络信息平台，向农民提供科技信息宣传、咨询和指导服务，拓宽农业科技推广渠道。中国农业信息网、华中农业信息网等农业网站，已经成为农业科技推广的便捷渠道。

三、完善政府公共服务体系

（一）构建融合型产业发展的产业政策体系

产业政策可被界定为针对市场经济运作中可能出现的市场失灵和错误导向，政府为修正市场机制作用和优化经济发展过程，对产业发展、产业结构的调整和产业组织所采取的各种经济政策的总和。按照内容的不同，其可分为产业发展政策、产业结构政策和产业组织政策三大类型。农业与传统的第二、三产业以及信息产业、生物技术产业等的融合发展，涉及农业、工业、服务业、高新技术产业等产业领域。不同产业各有不同的直属管理部门以及相应的产业发展、产业结构和产业组织政策。数字农业、旅游农业、生物农业等融合型产业，具有跨产业属性。尽管难以将其具体划归到现有产业分类中某一具体产业，但其发展成效惠及各融合产业。因此，我国需要构建融合型产业发展的产业政策体系，从科技、财政、金融等方面为产业融合提供政策支持。上述融合型产业均与现代农业发展相关。因此可考虑由农业农村部牵头，联合国家发展和改革委员会、科学技术部、财政部、生态环境部、人民银行等部委联合制定产业政策。识别融合型产业的基本依据是在技术、生产、加工、包装、储运、消费等经济环节，均符合资源节约、环境友好型社会建设的要求，能够有效推动中国现代农业发展。

在科技政策上，打破传统的分行业、部门的研究与开发政策。在制订国家科技计划、进行科技立项时，充分考虑技术融合因素，对融合型产业发展技术研究优先立项，引导建立不同学科交叉融合研究的科研机制，产出更多融合型技术成果，在一定程度上降低技术成果的资产专用性。在财政政策上，为融合型产业发展涉及的相关企业给予税费减免等优惠，扶持产业发展金融政策，对融合型产业发展在贷款金额、贷款期限、贷款利息、还贷方式上提供商业或政策性金融支持，大力发展农业风险投资土地政策，减少融合型产业的土地出让金或土地使用费。

（二）加强产业融合的标准规范建设

产业融合提供了融合型产品，具有农业属性，涉及资源消耗、生态保护、环境污染、物种多样性、食品安全、健康营养等与人民生命财产安全，乃至人类长远发展直接相关的重大问题。因此，必须建立完善的标准规范。标准规范主要分为两个层次。一是地方性的标准规范。不同地区经济、文化、资源等发展条件不同，农业与相关产业融合形式多种多样。因此，政府相关管理部门必须因地制宜，制定出相应的地方标准，为产业融合规范有序发展提供制度保障。二是全国性的法律规范。法治化管理是国际国家农业公共管理的普遍手段。

改革开放多年来，中国农业立法成就突出，已形成了农业法律体系的基本框架。但随着农业与相关产业的融合发展，新的涉农法律问题，如转基因生物技术应用、转基因食品安全性等关系到生态环境、人类健康的长远性、复杂性问题迫切需要法律依据和强制性的发展制度。我国施行的《中华人民共和国食品安全法》，尽管确立了国家食品安全标准，但其针对的是大类、普通食品的安全管理。转基因类食品等特殊的食品类别缺少相应的高层次法律规范。以全国人民代表大会立法为主，加强农业与相关产业融合发展的法治建设，既是解决科技发展与人文关怀之间的矛盾的需要，又是现代农业发展的客观要求。同时，标准制定应积极参考国际标准，与国际接轨，为促进农产品出口、提高农业国际竞争力创造条件。

第五节　完善农村经济发展的金融支持体系

一、农村金融支持农村经济发展的作用机理

（一）农村金融对农村经济发展的促进作用

1. 融资功能

农村居民的收入主要用于人们的日常消费和投资（将收入存入金融

机构也是投资的一种类型）。当农村金融发展缓慢时，大部分农民会将收入存入金融机构，以此作为主要的投资方式来保证自身的基本利益不受损害。但是，对于农民而言，这种投资方式的增值率过低，无法大幅增加农民的收入。融资功能是金融机构具有的基本功能之一，农村金融机构可以借助该功能为农民提供各种融资方式，保证农民可以在享受各种金融服务的同时，快速积累财富，从而促进农村经济增长。

对于一个金融机构而言，其体系越完善越有利于其融资功能的发挥，其向市场提供的信贷就越多，借贷者从金融机构获得的资金就越多。因此，农民可以通过向农村金融机构借贷的方式以获取用于扩大自身生产规模的资金，从而增加自身收入，促进农村经济的增长。

具体而言，农村金融机构的融资功能具有以下作用。第一，农村金融的融资功能可以解决当前我国农村资金分散的问题。借助这一功能，资金的提供者可以通过利率的提高来增加财富，资金的使用者可以通过获得更多的资金来扩大自身的生产和投资规模，如此循环往复，农村资金就会越来越集中。第二，由于农业生产是一类季节性特征十分明显的活动，这一特征使得农村资金的供求表现出很强的时间性：农忙时资金严重不足，农闲时资金充足却没有增加收入的方式。因此，农村金融机构可以利用融资功能合理地安排农民手中空闲的资金，在农忙时为农民提供资金支持，在农闲时帮助农民创造收入。

农村金融机构在农村金融市场进行融资的具体流程是：吸收区域内存款，并以贷款的形式将其投资给需要资金的企业和个人（投资过程承担一定的风险），使资金得以流转起来，以此创造经济效益。农村金融机构借助这一功能，能够充当资金需求方和资金供应方之间的中介，通过金融转换的方式，实现区域内资金的循环利用。总的来说，农村金融机构的融资功能可以满足资金供求双方的需求，进一步改善农村储蓄者与农村资金需求者之间的关系，从而推动农村经济发展。

2. 提高资金使用效率

农村金融对农村经济发展的支持作用在很大程度上由资金的使用效

率决定。在农村，不同的地区、行业、市场主体决定了其对资金具有不同的需求。部分农村地区存在资金闲置过多的现象，造成了资金浪费；有的地区由于资金短缺，经济发展受到了阻碍。而农村金融机构可以通过为农民提供更多的投资渠道，将农村的闲置资金聚集起来，然后根据不同地区的实际发展需要进行合理分配，有效地提高了农村地区的资金使用效率，从而带动农村经济增长。

3. 促进农业科技进步和农业生产率提高

以往由于农业科技发展缓慢、农村资金分散，使得农民无法利用合适的生产技术来提高农业生产率，进而导致农民收入难以增加，减缓了农村经济发展的速度。农村金融机构的出现不仅解决了农业技术研发资金短缺的问题，促进了农业科技进步，并借助其权威性，减少了先进农业技术推广与应用过程中的阻碍，加快了农业的产业化进程，提高了农业生产率，增加了农民的收入，进而带动了农村经济和金融的快速发展。

（二）基于金融深化理论的农村金融支持农村经济发展的作用机理

1. 金融深化的内涵

（1）金融深化的定义

金融深化理论最早由美国经济学家麦金农（Ronald I. Mckinnon）提出。麦金农认为，为了避免金融抑制现象的产生，政府应该适当放松对金融体系的监管，特别是对利率的监管，真正放开利率市场，确保利率能够充分反映资金的供求关系，充分发挥市场在资源配置中的基础性作用，从而使有限的资金可以分配到高收益的项目，提高资金的配置效率。如果说金融抑制是对问题成因的研究，那么金融深化就是对问题解决方法的研究。基于此，我国许多金融学者都对金融深化做出了定义：①政府放弃对金融市场和金融体系的过分干预，使利率和汇率能够充分反映资金和外汇的需求，并在有效地控制通货膨胀之后，金融体系可以以适当的利率吸引大量的资金，并以恰当的贷款利率吸引有资金需求的实体企业；②从政策的角度，这一理论的实质是金融自由化，为此，政府应放松金融监管，让市场决定金融的发展走向，具体流程为：具有市场化特性的利率会刺激居民将财富存放到金融机构，而后金融机构利用储蓄进行投资，以扩大社会生产性投资，最终增加居民财富。

结合了麦金农的理论、国内经济学家的研究成果，以及我国国情等，本书认为金融深化理论是一个动态的概念，其大致上可以分为三个层次：一是金融增长，即金融规模的不断扩大；二是金融机构数量的增加与金融结构的优化；三是政府逐步放松对金融体系的控制，使金融体系在市场自发性的推动下逐步完善，最终使金融效率得到提高。

（2）金融深化的原因与动力

①信息不对称

信息不对称，是指进行交易的双方所掌握的交易信息数量不同。在市场经济活动中，信息不对称通常导致拥有市场信息较多的一方在交易过程中占据主导地位，并且有可能会损害拥有市场信息较少的一方的利益。在市场中此类例子有很多，最经典的还是美国著名经济学家乔治·斯蒂格勒（George Stigler）在其《竞争价格理论》一书中为解释信息不对称这一定义而举的二手车交易市场的例子，这也使得经济学界首次认识到信息不对称所带来的弊端。二手车交易市场的例子具体是指：买卖二手车时，卖方比买方更了解车辆的质量等信息，因此卖方通常对车子有一个心理价位，且质量越好心理价位越高；而买方没有足够的信息作为支撑来判断车子的质量，这使其处于被动状态，只能依照市场上普遍的价格进行交易。当买方出价低于卖方心理价位时，卖方坚信车子的价值要高于此，因此不会卖出；当买方出价高于卖方心理价位时，卖方会很乐意卖出，但买方会因此买下实际价值低于购买价格的车子。这样一来，二手车质量越差，就越容易进入市场，但由于二手车质量过差，使得买车的人越来越少，最终导致二手车交易市场难以发展。

②交易成本

交易成本是指在一定的社会关系中，人们自愿交往、彼此合作达成交易所支付的全部时间成本和货币成本，具体包括传播信息、广告、与市场有关的运输以及谈判、协商、签约、合约执行的监督等活动所花费的成本。金融机构进行交易的前提是交易所获得的投资收益与自身花费的时间和精力成正比。随着信息时代的到来，以及科学技术的不断更新，人们进行交易的成本将越来越低。

（3）金融深化的表现

金融深化的主要表现是金融机构职能的细化和金融机构专业性的增强，如金融机构从同时负责储蓄、投资等多方面金融业务发展到只负责证券投资和股票等固定几种金融业务，这样一来金融机构的数量也会随之迅速增加。金融机构数量的增加不仅表示金融交易方式的多样化，而且也表示金融供求范围的扩大，从而推动新的金融产品和金融机构的出现，进一步实现金融市场发展的良性循环。具体来讲，金融深化可以表现在以下几个方面。

①建立专业的生产和销售信息的机构

信息不对称是市场交易过程中普遍存在的现象，要想解决这一问题，关键在于要建立一个交易商制度。在金融领域，交易商是指以收集、贩卖、评价融资主体信息为经营业务的机构，即专业的收集和销售信息的机构。建立专业的收集和销售信息的机构是改正现有金融机构不足的重要方式，也是金融深化的突出表现。当然，这样做并不能完全解决信息不对称的问题。如有些投资者会跟随购买信息者进行投资，这在经济学界被称为"搭便车"行为，由于没有保证，这样的行为很有可能会给跟随者造成损失。

②政府采取措施进行管理

经济学家随着对金融深化理论研究的深入也意识到，如果政府将金融的管制完全放开，对于金融体系的发展来说就是弊大于利的。因此，政府应该采取措施对金融进行宏观调控，这也是金融深化的重要表现之一。需要注意的是，金融深化环境下的政府管制与金融抑制环境下的政府管制存在较大差异：金融深化环境下的政府管制以制定和执行统一的会计标准、信息披露标准为主，其在金融市场中所起到的是博弈、判断的作用；金融抑制环境下的政府管制往往采取行政配置信贷资金的手段，将相对稀缺的资金分配给政府意愿的领域，其在金融市场中所起到的是调控的作用。

③金融中介的出现

在我国金融体系改革的过程中，金融中介的出现是金融深化的突出表现之一。金融中介的作用是：实现资金流与物流、信息流的高效整合与匹配；使资源配置效率化；推动企业组织的合理发展。由于金融中介在经营方面具有明显的中介性质，在业务方面表现出明显的分工性质，从而使其与其他金融机构区分开来。总的来说，金融中介的出现不仅表明了我国金融体系的更加健全，而且进一步明确了我国金融市场中金融业务的分工，是我国金融深化改革的重要成果。

④限制条款、抵押和资本净值

为了对金融市场中的交易行为形成有效的外在约束，在我国金融深化改革的过程中，金融市场内大多数的交易合约条款变得越来越细化，对经营方面的限制条例也越来越多。此外，由于金融交易本身存在不稳定性，在交易的过程中容易出现资金回流困难等问题，如借款人找借口不归还借款或者擅自将有约定用处的资金挪作他用等。为了避免发生此类事件，贷款人可以在双方签订的合同中设置限制性条款。限制性条款的主要内容有两方面：一是限制、约束借款人从事某些违法的活动或者高风险的经济活动、投资活动等；二是鼓励借款人采取正确的经营方式，以保证贷款能如期归还，使借款人树立按期归还的信用意识，形成良好的信用品质。具体做法包括：要求相关的监管部门对借款人的经营状况及资金流动进行监管，以此来确保借款人的合法经营，并明确资金的流向和用途。

综上所述，金融深化的一个典型特征就是金融体系的发展交由市场决定，但在缺少外在因素约束的情况下，金融体系必将朝着单纯的资本运作的方向发展，这不利于社会生产性投资的扩大，因此采取措施对金融体系进行限制既是金融深化的表现,又是金融深化的重要内容。

2. 基于金融深化理论的农村金融支持农村经济发展作用机理的逻辑模型

自金融深化理论提出以来,许多经济学家对此进行了全面细致的研究,并深入地分析了金融深化对经济增长的促进作用,明确了这一促进关系的机理。以下将对基于金融深化理论的农村金融支持农村经济发展作用机理的逻辑模型进行研究。首先从农村金融深化的三种效应出发,然后对在此过程中发现的作用机理进行归纳,最终得到其相应的逻辑模型。

(1) 农村金融深化的三种效应

在推动金融深化改革的过程中,政府应该放松对利率的监管力度,实现市场利率自由化,并通过增加相关金融机构的储蓄资金来推动地区的经济增长。基于此,农村金融深化带来了三种效应,即储蓄效应、投资效应和投资效率效应。

(2) 基于金融深化理论的农村金融支持农村经济发展

农村金融中介机构的出现在一定程度上解决了信息不对称的问题,促进了交易成交数量的增加,进而推动了农村经济发展。与此同时,农村金融机构可以通过市场作用影响金融体系的发展规模、交易结构和交易效率,进而促进农村经济的发展。此外,金融深化可以通过增加资金储蓄、增加金融投资、完善资源配置等形式,来促进农村经济的增长。

①农村金融深化的投资效应

第一,农村金融深化改革与农村金融市场的发展及农业的发展存在连锁关系。农村金融深化改革可以提高农村金融市场的发展速度,农村金融市场的快速发展又会促进农业技术、农业工具及与农业相关的金融服务向着多元化、差异化的方向发展。此外,进行农村金融深化改革不仅可以通过发展农村金融市场为农民开辟更多的投资渠道,还可以为农民投资提供更多的选择,从而实现农村财富的迅速累积。

第二,农村金融深化改革能够减少农村地区在储蓄过程中存在的信息不对称的问题,解决投资者对于投资内容了解到的信息与实际信息不相符的问题。实际上,正是因为农村金融深化改革的影响,才使得我国农村金融产品的种类得以不断增加,且产品内容愈加丰富;提高了我国大部分农村金融机构的服务效率及产品研发效率,进而促使我国农村金融机构吸收的存款越来越多;帮助农民认识到更多类型的农村金融业务,享受到更优质的金融服务。虽然在有些情况下可以认为,当农村金融机构具有一定储蓄能力时,其储蓄转化能力可以决定该地区的投资质量及投资水平,但是我国农村金融机构的结构在很大程度上会影响其储蓄转换投资的方向。就目前的情况来看,如果在后续的发展中可以解决农村储蓄者与农村金融机构之间信息不对称这一问题,不仅可以同时降低双方的投资风险,还可以提高储蓄资金在农村金融市场中的转化效率,提高农村投资资金的流动效率。

第三,从金融深化理论的角度来看,农村金融中介和农村金融市场的发展可以推动农村储蓄资源转化为农村投资资源的效率及比例,具体过程为:农村金融机构先吸收农村地区的存款,通过自身的转换功能,将这些存款转化为农村投资资金,再投放到农村地区,用以进行农业建设或者满足农民的金融需求。这样不仅可以降低交易过程中的交易成本,而且可以解决交易过程中的信息不对称等一系列问题。也就是说,只要保证我国农村金融机构的发展方向是正确的、稳定的,就可以避免农村金融市场对农村经济发展造成的负面影响,从而进一步增加我国农村地区的经济收入。

②农村金融深化的资源配置效应

农村金融主要是通过发挥其资源配置功能来实现推动农村经济增长的目的的,而农村金融深化的直接影响就是可以使农村金融产生资源配置效应。在农村金融体系健康发展的情况下,农村金融可以自行配置农村金融市场中的资金,从而实现资源的最高利用率,具体流程为:农村金融体系首先通过一定的手段甄别并评估某个企业或某个投资项目,然后对其进行监督,以确保该项目确实可以带来经济效益,或者了解该企业的发展情况，最后将资金尽量分配给生产效率较高的企业或项目，以此提高农村金融体系资金投入的资本边际效率。在这一过程中，农村金融中介的主要作用是收集信息，并对收集到的信息进行分析，从而合理、有效地解决交易双方信息不对称的问题，为交易双方提供较为完美的解决方案。此外，这样做还可以进一步提高我国农村金融市场中的资金利用率，降低农村地区资金在流动过程中存在的风险。

在农村金融市场的发展过程中，一方面，我国农村金融体系引导着我国农村金融市场的发展方向，可以降低农村地区金融交易的成本和风险，为我国众多农村金融机构的发展提供途径，为农村地区信息的交流开辟渠道；另一方面，我国农村金融体系可以为投资者提供风险分担、资源共享的机会，不仅可以保证投资者自身财产的安全，也可以提高投资者们的投资积极性。

农村金融体系通过对农村地区资源、资金进行合理配置的方式，既可以促进经济生产效率较高的企业的发展，也能够降低这些企业运营过程中的风险，增加其投资的收益。随着农村金融市场的不断发展，虽然出现了诸多新的技术，但是这些技术往往具有两面性，既带来了丰厚的利润，又隐藏着新的风险。面对此类问题，只要我国农村金融体系坚持以合作为主的方针，为农村金融机构和农村金融市场积极地提供增加融资渠道和降低融资风险的帮助，就可以在很大程度上鼓励我国农村金融市场的技术创新，进而提高农村地区的资本边际生产效率。

总的来说，农村金融深化可以优化农村金融市场中的资源配置，使农村金融体系得以进一步完善，从而促进我国农村经济发展。

③农村金融深化对储蓄率的影响

虽然农村金融深化可以使农村地区的金融市场更加发达、金融机构的数量增多、金融产品的种类更加丰富，从而提升农村地区的存款利率，但是这不代表只要进行农村金融深化就一定会提升农村地区的存款利率。结合实际来看，随着农村金融深化程度的加深，由于农村金融机构可以为农民提供更多的投资渠道，为了获得更多的利益，比起单纯的储蓄收入来说，农民更倾向于将闲置资金用于投资，从而导致了农村地区的存款利率有所下降。

（三）基于内生增长理论的农村金融支持农村经济发展的作用机理

1. 经济增长理论的内生化与金融发展的作用

（1）索洛模型与金融发展的作用

为了研究经济内生增长与金融发展的关系，美国经济学家罗伯特·索洛（Robert Solow）从资本—劳动力比率入手，分析了资本积累与储蓄率的关系，并提出了一种经济增长模型，后续经济学家通过对其补充完善，构建了索洛模型，又称作新古典增长理论模型。

索洛模型表明，技术水平的高低是决定经济是否增加的关键因素。用这一观点分析农村金融发展可知，技术水平越高，农村人均产出越高，农村人均收入也就越高，农村居民的储蓄率就会增加，进而促进农村经济增长。这里需要注意两个问题：一是农村居民储蓄率的增加虽然可以促进农村经济增长，但是这种增加是在一定范围内的，超出这一范围，农村居民储蓄率的增加就不再对农村经济发展有促进作用；二是农村居民储蓄率的增加虽然能够促使农村经济达到某一发展阶段的最大值，但不能使农村经济提升到一个更高层次的发展阶段。

总的来说，根据索洛模型可知，农村金融发展可以使农村居民储蓄率有所增加，进而提升农村人均产出水平，促进农村经济发展，但是这一影响是有限度的。

（2）无限期界模型与金融发展的作用

实际上，索洛模型在研究经济内生增长理论与金融发展的作用时，假定人均储蓄与产出始终保持在一个固定的比例。但是，这一假定过于理想化，与实际生活中的经济发展规律不相符，使得上述模型在实际应用时出现了或多或少的缺陷。基于此，英国经济学家弗兰克·拉姆齐（Frank Ramsey）建立了拉姆齐模型，亦称无限期界模型，以弥补以上模型的缺陷。

无限期界模型的优势是，在确定性的条件下，分析最优经济增长，推导满足最优路径的跨期条件,从而阐述动态非货币均衡模型中的消费和资本积累原理。借助无限期界模型的这一优势,农村金融机构能够跨期分配金融资源,从而有力地推动农村经济、金融的发展。

2. 农村金融支持农村经济发展作用机理的路径分析

(1) 农村金融发展通过资本积累促进农村经济增长

帕加诺(Pagano)将金融因素加入内生经济增长理论的基本模型——AK模型之中,研究了金融发展对经济增长产生影响的方式,并由此提出了帕加诺模型。根据帕加诺模型可知,经济增长率等于资本积累的增长率,而资本积累的增长率由金融发展的三大效应,即金融深化的三种效应决定。从这一角度来看,农村储蓄和投资资金的增加,会带动农村资金的增加,而农村金融机构对这一资金的配置效率的提高使其能够提升农村金融的发展水平,促进农村经济发展。如此一来,能够得到一个结论:通过资本积累的方式(包括物质和人力两个方面),农村金融发展能够促进农村经济增长。基于此,本书从流动性风险和信息不对称的角度对农村金融发展促进资本积累、推动农村经济增长的原因和途径进行了分析。

①流动性风险与金融发展

本奇文加(Bencivenga)和史密斯(Smith)想要将金融中介这一因素纳入经济内生增长体系中,因此他们在借鉴了美国经济学家保罗·罗默(Paul Romer)的知识溢出模型的基础上,最终建立了一个新型的经济内生增长模型。这一模型的特点是,从个体投资者面临的流动性风险入手,探索了以银行等金融机构为代表的金融中介具有的资源配置效应和经济增长效应。同理,对于农村金融而言,农村金融中介可以利用其优秀的资源配置能力积累更多的物质和人力资本,促进农村金融发展,进而推动农村经济增长,且其数量越多这一效应就越明显。

而后,格林伍德(Greenwood)和史密斯在经济内生增长模型的基础上,在假定中间产品生产技术为线性的条件下,对银行、股票市场和经济增长之间的联系展开了研究,并建立了一个模型,该模型被称为格林伍德－史密斯模型。根据该经济模型可知,金融体系能够在一定程度上消除经济主体所面临的流动性风险,并能够借助其分配资金的能力将其吸收的大部分储蓄应用于生产性投资领域,从而避免了传统经济市场中投资型经济主体因收益率较低而提前将生产型投资变现的问题,同时还可以吸引更多人力资本参与这一过程。同理,对于农村金融体系而言,农村金融机构的体系越完善,功能越健全,其消除经济主体所面临的流动性风险的能力就越强,从而促进农村经济增长的作用也就越强。

综上所述,农村金融体系的存在使个体投资者在进行投资时面临的流动性风险大大降低,再结合自身分配资金的能力,就可以为流动性较差的农业生产筹集更多资金、积累更多人力资本,以此推动农业生产和农村金融的发展,进而促进农村经济增长。

②信息不对称与金融发展

格林伍德和约万诺维奇(Jovanovic)考虑到信息不对称对金融发展的影响,提出了将金融中介融入经济内生增长模型的观点,并为此建立了相应的经济增长模型。将该模型应用于农村地区后可以发现,虽然农村金融中介可以避免大部分农村金融市场中信息不对称的情况的出现,促使更多的农村资金配置到高收益项目上,提高农村人均收入,进而促进农村金融发展和农村经济增长,但是农村金融中介不能保证将大部分资金用于农业生产,同时这样的行为也使得农村地区的储蓄率有所下降,可能会影响到农村经济增长。因此,从信息不对称的角度来看,农村金融发展确实可以促使资本积累,但是其对农村经济增长的作用有待进一步考察。

(2) 农村金融发展通过技术进步促进农村经济增长

诸多经济学家研究后发现,农村金融发展可以带动农业生产技术进步,进而促进农村经济增长。下面从金融体系、金融市场和交易成本三个角度对农业生产技术进步促进农村经济增长的作用展开分析。

①金(King)和莱维纳(Levine)试图通过建立一个经济内生增长模型来讨论金融体系与经济增长之间的关系。他们研究后发现,金融体系能够对企业家的经营能力、经营风险、项目创新的利益进行评估,并为技术创新企业提供资金。如此一来,企业家就能够借助金融体系调整

企业的发展方向,提高项目的成功率,进而创造财富。作为社会经济活动主体的企业发展得越好,其创造的财富就越多,相应的经济增长的速度也就越快。

②赛昂·保罗(Saint Paul)从金融市场对技术进步的影响这一角度分析了金融发展对经济增长的作用,并建立了相应的经济增长模型。保罗认为,在金融市场中,经济主体总是倾向于将资金用于技术先进且收益较高的金融项目,渐渐地那些技术落后且收益较低的金融项目就会因为没有资金投入而消失,长此以往,金融项目会自发地进行技术的更新,以此带动自身的发展。同理可证,技术进步可以刺激农村金融发展,并创造更多财富,进而促进农村经济发展。

③本奇文加、史密斯等人试图从交易成本对经济主体使用技术的影响的角度来分析金融发展对经济增长的作用,并建立了一个引入二级资本市场的经济内生增长模型。结果表明,在二级市场交易成本下降的情况下,经济主体更倾向于使用流动性较低且生产效率较高的技术,这样做虽然对技术进步具有积极意义,但是只有在技术提高到一定水平并具有较高的生产效率时,才能够促进经济增长。

二、我国农村金融组织体系的构建与完善

(一) 农村金融组织体系完善的总体思路

1. 农村金融网点的全面覆盖

农村金融机构是农村金融组织体系的主体,是最主要的农村金融供给者。当前,中共中央关于农村金融机构改革的基本依据是从质量和数量两个方面进行。其中,质量是指农村金融机构要在改革中逐渐朝着多元化的方向发展,最终实现农村金融机构类型的多样化,并实现业务覆盖农村经济的各个方面;数量是指经过改革,农村金融机构的网点要能够覆盖所有农村,为我国农村经济的发展提供即时服务。

2. 农村金融机构发展的可持续性

持续性发展是农村金融组织体系改革的一个基本要求,无法实现持续发展的农村金融组织体系是无法发挥其对经济增长的作用的。因此,

我国农村金融组织体系改革的一个基本原则就是坚持可持续发展原则，即不断降低农村金融组织机构的不良贷款率，间接性地提高我国农村金融组织机构的运营效率和利润，进一步保障我国农村金融机构有充足的资金，为我国农村经济的持续发展提供基础保障。

3. 重组和改革是发展的硬道理

不同时期的农村经济发展的特点是不同的，单一的农村金融组织体系是无法适应我国不同地区的农村经济发展需求的，因此农村金融组织体系改革要坚持结合农村的实际经济发展状况的原则进行重组和改革。例如，当前我国农村金融组织体系改革的重点是明确产权与法人，即在改革的过程中建立明晰的产权制度，避免出现产权模糊的问题，同时完善企业法人治理结构，确保法人自身和相关金融机构的利益，保证农村金融机构实现积极性较高、运转合理、效率较高的商业运作。

4. 制度保障与政策支持是关键

与第二、第三产业相比，农业本身就具有一定的劣势，因此农村经济发展需要国家金融政策的支持。这就决定了农村金融组织体系改革要将重点放在制度保障与政策支持上。

5. 构建不同组织类型的协作体系

从以人民银行、农业银行等农村正规金融机构为主导到农村正规金融组织与农村非正规金融组织并存，我国农村金融组织体系的改革历程表明构建多元化的农村金融组织结构是改革的基础，这是由农村金融需求随着经济发展呈现出多样化、多层次的特点所决定的。农村正规金融组织固然在资本、金融业务等方面具有较大的优势，但是农村非正规金融组织能够满足一些农村正规金融组织无法满足的需求。因此，农村金融组织体系改革要在我国农村金融市场中，创造一种可以使农村地区的正规金融组织与非正规金融组织有机结合的环境，促进二者合作进行商业金融活动。在环境创建的过程中，政府需要调整相关的条例和规定，具体的内容如下：第一，政府可以鼓励并引导大型农村金融机构为农村地区的龙头企业提供一定的资金和相关的金融服务，以此保障龙头企业的发展；第二，政府可以为小型农村金融机构提供更多的批量贷款，使小型农村金融机构可以为更多的农民或农村小型企业提供金融服务；第三，政府可以加强农村地区小额贷款公司和小型村镇银行之间的联系，为二者提供更多的政策支持和制度保障，并使二者逐渐发展成为农民与大型国有商业银行之间的纽带，以此促进大型国有商业银行与农民之间的联系；第四，政府需要降低我国农村信贷公司市场的准入条件，使更多的正规信贷公司可以进入农村金融市场中，并在一定程度上给予这些小型信贷公司充足的发展空间，使其可以为农村金融的发展提供一定的帮助。

综上所述，可以确定我国农村金融组织体系改革的总体目标是：以农村正规金融组织为主体，以农村非正规金融组织为辅助，以为农村经济发展提供制度保障和金融支持为重心，构建覆盖所有农村及农村经济各个方面的农村金融组织体系。

(二) 我国农村商业性金融组织的完善

1. 农业银行的改革措施

农业银行是我国发展农村经济、支持农村农业建设的主要力量，其改革可以从以下几个方面展开。

第一，农业银行应该以支持农业发展为主要的经营目标，科学合理地确立自身的战略定位，在农村金融组织体系改革的过程中起到良好的带头作用，大胆地将部分组织决策权移交或下放，并尝试构建新的金融组织结构，为更多乡镇地区的支行或者分支机构提供更多的自主空间。同时，农业银行的支行或分支机构也应该根据各地区的实际需要设立目标，为农村地区的居民或者小型企业提供更多的资金支持和金融服务。

第二，随着时代的发展，不仅我国农民的金融需求在不断增加，而且农民对于金融服务的要求也在不断提高。因此，农业银行应该根据时代和实际情况的需要，积极地开发并创新金融产品，提供更多适合当代农民的金融产品，为农民和小型企业提供更多符合要求的金融服务。需要注意的是，农业银行在创新金融产品时，应该针对农村当前金融需求的空白来进行，这样既能够保证金融业务的竞争性，也能够弥补农村金融业务的不足。

第三,成立相关的企业担保机构,这种机构是作为中介形式存在的。前文提及我国农村地区很多农民和小型企业在贷款过程中因为没有担保物而被农村正规金融机构"拒之门外"。基于此,农业银行可以建立相关的信用档案,为具备一定信用的企业和农民降低贷款发放门槛,同时,农业银行也可以成立相关的担保机制,为具备一定信用的企业和农民做担保。以上措施可以解决很多农村小型企业或农民在发展过程中出现的资金问题,防止其因为资金不足而遇到发展瓶颈。

第四,近年来,农业保险业受到越来越多的重视,积极地探索农村贷款与保险业务已成为农村金融组织体系改革的一个着眼点。具体而言,农业银行可以从以下两个方面着手:一方面农业银行应该探索农业贷款的多样性,为农民提供不同的信贷;另一方面为了确保农业生产的安全性,农业银行应该涉足农业保险领域,在降低农业生产风险的同时,提高农业贷款的安全性,避免贷款人因生产风险而无法偿还贷款的情况发生。

2. 邮政储蓄银行的改革措施

邮政储蓄银行的改革措施可以从以下几方面展开。

第一,邮政储蓄银行应该加强自身的商业化运作,保证自身在运营过程中能够为企业带来实质性的帮助,并努力寻找为我国农村金融发展服务的新形式。

第二,在商业化运作的过程中,邮政储蓄银行应该积极开展存单、小额质押贷款业务。实践表明这一业务的开展确实有很多优点,所以邮政储蓄银行应该重点开展此项业务。

(三)我国农村政策性金融组织的改革

政策支持在农村经济发展过程中是必不可少的,因此政策性金融组织在农村金融组织体系中占据十分重要的地位。我国农村政策性金融组织特指农业发展银行。

农业发展银行在进行改革时,应该从以下几个方面展开。

第一,农业发展银行应该将工作内容细化,妥善地处理好每一项基础工作。目前,农业发展银行的基本业务是粮、棉、油购销贷款,每年农业发展银行用于支持粮、棉、油购销贷款的资金占据当年贷款金额的一半以上。对此，农业发展银行一方面要继续加强粮、棉、油购销贷款工作，另一方面也要积极拓展新的业务，如发展农业产业化经营贷款业务、农业科技研发贷款业务、农村基础设施贷款业务等。

第二，农业发展银行应该建立完善的现代企业管理制度。农业发展银行要按照产权清晰、权责明确的要求，对自身的企业结构进行管理，同时完善工作的细节，只有这样其才能为预防我国农村地区金融发展风险提供助力，实现农村地区经济效益的提高和农民收入的增加。在这一过程中，农业发展银行应该具体做好以下两方面的工作：其一，进一步完善相关的管理机构及管理部门，设立董事会、董事、监事、监事会等，并要求这些管理部门切实地发挥自身的实际作用；其二，要有效地改良自身内部的制衡机制、激励机制，在激励员工更加努力地工作的同时，为提高整个机构的运行效率打下良好的基础。

第三，农业发展银行应该加强对运行资金的监管，进一步完善资金的运营机制与监管机制。近年来，农业发展银行存在的一个重要问题就是资金运营效率较低。这虽然是由其政策性金融机构的性质所导致的，但是其本身的创新能力不足也是不容忽视的一个重要原因。因此，农业发展银行不仅要积极地拓宽自身的融资渠道，摆脱对中国银行再贷款依赖性过高的现状，还要对现有资金进行更加合理的应用，根据农村经济发展需求创新业务。

第四，在改革的过程中，农业发展银行应该将部分精力用于建立风险防范和控制机制，农业发展银行在运行的过程中需要对自身潜在的隐患和未知的风险进行防御和控制，做到未雨绸缪。这是一项复杂的转换工作，需要农业发展银行在完善自身体制的同时，对相关的部门进行适当的约束，实现内部部门之间的相互制约、相互协作。在这种风险防范和控制机制中，上级对于下级应该有绝对的控制权，以巩固、稳定系统内的秩序。

第五，农业发展银行应该完善自身的信贷管理制度，实行信贷管理责任制和审贷分离制度。农业发展银行将两项工作分开进行，有利于形成一个切实有效的风险防范控制机制,可以有效避免因为某些原因导致的工作分工不明确、责任无法落实等问题,避免引起风险和潜在隐患。

(四)我国农村合作性金融组织的改革

以农村信用社为代表的农村合作性金融组织是我农村金融组织体系的基层组织结构,如何抓住改革机遇,迎来新一轮的发展成为其亟待解决的问题。

农村信用社的改革需要从以下两个方面展开。

1. 国家政策扶持

农村信用社在不断演变和发展的过程中并没有解决其历史性的遗留问题,因此其自身的机制和系统都是比较特殊的。对此,为了减轻农村信用社在发展过程中的历史包袱,保证试点工作的顺利进行,政府应该在一定程度上给予农村信用社扶持补贴和优惠政策,也可以减免其税收,并针对农村信用社的经营性质及服务性质,为其政策性业务制定激励机制,进而促进我国农村金融和经济的发展。同时,地方政府应该放宽农村金融市场的准入条件,将这些税收优惠政策和扶持政策提供给更多的金融机构,为金融市场营造出公平竞争的环境。此外,地方政府及相关金融机构也应该注意避免过度干预农村信用社的发展。

2. 产权制度优化

对于农村信用社而言,改革需要首先解决的就是农村信用社的产权问题。明晰产权关系是农村信用社改革成功的关键。在改革的过程中,农村信用社不仅要明确自身合作性金融组织的特性,还要对自身的股份构成进行查证,以确定每一位参股方的股份,简而言之,农村信用社改革的关键在于股份制改革。

纵观我国农村信用社的改革历史可以发现,以往农村信用社的管理权限一直在其他金融机构或者政府的手中,农村信用社缺少更多的自主空间。基于此,为了保证农村信用社体制改革的顺利进行,政府应该加大对相关部门的监管力度,防止其对农村信用社进行过度干预,同时要严格监督农村信用社的经营活动,以此维持农村信用社在发展过程中的秩序。此外,政府还应该制定相关的法律法规来保障农村信用社自主产权的完整及相关经营权限的有效性,从而保证农村信用社可以有一个良好的发展环境。

(五) 我国农村非正规金融组织的改革

从最初的改革到现在,我国农村非正规金融的高利率、不正规等缺陷饱受指责,但农村非正规金融组织对于农村经济发展和农村金融组织体系完善的重要性不言而喻,其非正规性恰恰弥补了农村正规金融组织的短板,即解决了农村正规金融组织无法满足农村小额、短期的金融需求的问题,因此,对于农村非正规金融组织而言,政府应当通过规范其经营行为来克服其缺陷。

农村非正规金融改革的关键在于规范运营行为及保障借贷双方的合法权益。基于此,农村非正规金融组织改革的主要内容应该包括以下方面。

1. 加速农村非正规金融组织正规化进程

目前我国并没有关于农村非正规金融市场准入和退出机制的相关政策规定,对农村非正规金融组织的管理也处于探索状态。因此,如何将农村非正规金融组织正规化,促使其走上正确的发展道路,成为农村非正规金融组织改革的重点之一。

2. 合理的市场定位

不规范的经营管理导致非正规金融借贷双方的合法权益无法得到保障,采取何种做法来保障借贷双方的权益是农村非正规金融组织改革的重要内容。对此,一方面,政府要承认农村非正规金融组织的合法性,鼓励农村非正规金融组织主动融入农村金融组织体系中,以便于政府更好地对其进行监管;另一方面,对于农村非正规金融组织利率较高的问题,政府要出台相应的法律法规来规定其利率的上限和下限,从而保障借贷双方的权益。

三、发展农村金融的对策建议

(一) 进一步扩大农村金融发展规模

要想促进我国农村金融更加稳定的发展,政府需要在我国金融发展相对落后的领域构建合理的金融组织体系。也就是说，建立层次分明、运作效率高、金融服务多元化的农村金融体系，是建设我国社会主义新农村的重要途径，是解决我国"三农"问题的最佳方法，也是我国新时期对农村金融进行改革的重要步骤。

1. 健全多层次农村金融组织体系

（1）加快农村信用社的改革与发展

农村信用社在成立之初是农村劳动人民根据自愿互利原则组织起来的资金互助组织。在加快农村信用社改革与发展的过程中，政府已经恢复了我国农村信用社的合作性质，以此指明农村信用社的发展方向及其改革的主要方向。接下来，政府还需要提高各类人群对农村信用社的认识，使其认识到农村信用社是普遍存在于农村中，且与农民关系最为密切的金融组织，以此鼓励人们积极接受农村信用社提供的金融服务。而农村信用社在经营的过程中，也需要认真地衡量各方的利益，在考虑到互助性及便捷性的基础上，通过政府提出的相关金融扶持政策，来提高自身的服务水平和质量，并在提升提供服务质量的过程中发挥自身优势，加快自身体制的完善。

我国进行农村金融改革的主要目的是把农村信用社办成产权清晰、管理科学、约束机制强、财务上可持续发展、坚持商业化原则、主要为农业提供服务的金融机构。此次改革的重点：首先，要从解决农村信用社自身目标冲突问题开始，将为农业服务作为其立足的根本，并树立为农民服务的科学理念；其次，要规范农村信用社的产权制度和组织机构，农村信用社要按照股权结构多元化、投资主体多元化原则进行经营；再次，根据地区情况的不同，将产权形式合理地转换，将产权明晰、法人治理结构完善落实到农村信用社内部的管理责任制度上；最后，要规范农村信用社内部的管理制度，强化其约束机制，增加其业务的数量和品种，从而提高农村信用社对农村地区的服务质量和服务水平。总而言之，政府要将农村信用社为农民和农业提供服务的这一目标落到实处。

（2）准确定位农业发展银行的服务功能

在农村金融体系中，政策性金融机构是非常重要的，其不仅可以促进农村地区的金融发展，还可以在一定程度上弥补市场失灵的弊端。农业发展银行作为为我国农业提供服务的政策性金融机构，需要在农村金融发展的过程中起到引领的作用，为农村金融改革与发展提供一定的方向与指导。

从服务功能来看，农业发展银行的服务功能是以政策性的金融业务为主，全面调整自身的金融业务，将建立长期开发资金渠道、引导农业生产、调整农业产业结构三项内容设为主要的工作任务，同时在各个方面为"三农"问题提供全方位的服务。只有在我国农村金融改革与发展的过程中明确了农业发展银行的定位及其服务功能，才能切实地维护农民在经营中的利益，并将政府的各种扶持政策和优惠政策落到实处。

综上所述，政府应该调整农业发展银行的职能定位，加大政策性信贷支农力度，从而有效地扩大农村金融供给，深化农村金融改革。具体而言，政府要想发展农业发展银行，应该从我国基本国情出发，在借鉴国外政策性金融的运作经验的基础上，充分发挥其在粮食流通领域和农村金融领域的支持作用，将其从单纯的粮、棉、油收购银行转变为服务于农业开发、农村基础建设、农村生态环境建设、农业产业升级、农产品进出口的综合性政策银行，从而强化其在农业生产中的作用，促进农业产业化发展。

（3）加强中国农业银行的业务整合

农业银行在向商业股份制银行转型的过程中，其工作重心和工作方向渐渐远离了"三农"工作。然而，农业银行作为国有商业银行中专门为农业服务的银行，是与农业、农民最为紧密的存在，理应为我国"三农"工作提供大量的资金和服务。因此，在建设新农村时期，只有保证农业银行的金融业务完整且具体到位，我国的农村金融问题才能得到更好的解决。具体而言，政府应该通过业务整合来加大对我国解决"三农"问题的支持力度，还需要保障农业银行在农村金融体系发展中的引领地位，以此将农业银行自身的优势和引导效果发挥到最大。

因为在改革的过程中农村信用社所具有的经济实力不足以支持我国农村地区居民和乡镇企业的金融需求，所以农村非正规金融机构获得了一定的发展空间和发展机遇。但是，由于农村非正规金融机构存在严重的经营问题和极大的风险，有可能对我国农村金融造成重大风险。为此，我国政府应该加大对农村非正规金融机构的管制，在给予其足够发展空间的情况下，使其经营的范围和内容更加合理、合法，以此保障我国农村金融的健康发展，降低农村非正规金融机构进行贷款服务时的交易成本，降低交易过程中农村非正规金融机构和农民所面临的风险。同时，这些举措也可以在一定程度上预防地方性的金融危机和金融动荡，进一步完善我国农村金融组织体系，建立完善的农业保障制度，使农村金融市场向着多元化的方向发展，增强农村金融市场的竞争力。

（4）建设并完善农村金融法律保障体系

完善我国农村地区的法治制度是促进农业经济发展的重要保障，具体可以从以下几个方面着手：第一，政府需要完善保护农业产业的法律，借助法律的约束力，提高农业在国民经济中的地位，使农业得到中央政府与地方政府更多的支持；第二，政府可以制定农业投资法，使农业从国家获得的资金支持更具法律效应，并通过立法规定中央、地方的经济组织以及农民对农业的投资责任；第三，政府可以推动诚信的法治建设，以此保证农村金融机构的资金安全；第四，政府应该完善以金融机构为核心的相关法律和行政法规，以此增强执法环境的稳定性，为农村金融及农村资金的流动扫除制度性障碍。

（5）建立并完善我国金融保险保障体系

我国农业保障制度可以在我国农业对外开放及各种自然灾害发生时，为我国农村地区的经济发展及社会稳定提供一系列的保障。但是，我国现有的农业保障制度不足以全面预防和应对金融风险和自然灾害，要想实现全面的保障，政府需要完善我国农村金融保险保障体系。具体而言，我国农村金融机构需要对新的金融业务进行风险分析，同时政府需要建立健全农业保障制度，以此增强农民的风险抵御能力，使农业保障制度向着农村政策性保险的方向发展，使我国各种保险机构能够独立承担各种农业保险的业务，最终共同促进我国农村经济和金融的发展。

2. 大力完善农村金融市场体系

要想完善农村金融市场体系，需要从拓宽农村融资渠道、改善我国农村现有的金融信贷投放模式、丰富农村金融产品、提高农村金融服务水平等方面入手。这里仅分析拓宽农村融资渠道、改善我国农村现有的金融信贷投放模式两种方式。

（1）拓宽农村融资渠道

融资渠道可以分为间接融资渠道和直接融资渠道两类。其中，间接融资是当前我国金融市场中的主要融资方式，也是现阶段我国经济发展中企业、组织及自然人的主要融资方式。间接融资在一定程度上可以促进我国经济的发展。基于此，为了完善我国农村金融市场体系，在新时期农村金融改革的过程中，政府应该进一步降低对农村间接融资的管制，拓宽农村间接融资渠道，充分利用现有的农村金融市场中的资本，结合农村间接融资和直接融资的方式，为农村地区的企业提供一系列便捷的金融服务，以此培养出一批优秀的农业产业，促进我国农业的发展。

（2）改善农村金融信贷投放模式

我国农村的金融需求是多种多样的，因此政府应该提高各类农村金融机构的服务水平，丰富各类农村金融机构的产品种类，以此充分发挥农村金融机构的功能，增强我国农村金融机构对农村金融市场发展的促进作用。具体的实施策略包括以下三个。

第一，农村金融机构应该加快网络建设的步伐，使各种电子商业服务更加迅速快捷，以此简化农民享受金融业务的手续和环节。

第二，农村金融机构应该加快农村地区的银行卡、网上银行、债券、股票、基金等业务的创立，以此将现代金融产品引入农村金融市场中，使各种便捷的费用缴纳及理财产品都能够切实地落到每一个农民身上。

第三，农村金融机构应该仔细地分析农民的金融需求，并根据实际情况为农民制定合理的金融服务，并在适时的阶段推出期货融资产品，以此完善、丰富农村金融的服务种类。

3. 构建高效的农村金融监管体系

在当前农村金融体系改革的过程中，我国政府放松了对农村金融市场的金融管制，并且进一步降低了农村金融市场的准入门槛，对相关的金融运作方式也做出了一系列的规范。接下来，政府应该采用各种扶持政策及新的金融政策，作为提高我国农村金融和经济发展效率的支撑，以此加快构建农村金融监管体系的步伐，进一步保障农村金融体系的稳定运行，促进农村经济的科学发展。

(1) 健全农村金融监管法治体系

要想实现以法律作为农村金融监管的保障，加大对农村金融的监管力度，我国政府需要在改革农村金融体系的同时，合理地修正、完善金融监管的法律法规，并规范农村金融市场的法律维护程序及法律执行秩序；必须将政策金融法和合作金融法的立法设为首要工作，快速地制定有关农村非正规金融的法律法规，以此维护农村金融市场的合理运行，并通过这些法规规范，引领农村金融体系向着科学的方向发展。

我国政府所进行的财政投资是一种经济活动。这种经济活动可以帮助政府实现特定领域内的社会经济职能，同时对资金进行合理利用和配置，可以反映出政府作为分配主体，按照信用原则和社会需求对现有金融产品进行的分配方式。从本质上来看，财政投资可以归为国家分配的范畴。然而，在此之前我国政府对于相关资金的支出并没有建立一个完整的监管体系，造成了大量资源被浪费。因此，政府应该建立一个合理的资金使用监管制度，以此来控制农村金融机构的资金投入，提高资金的利用率，完善我国的财政投资体系，进一步促进农村地区金融和经济的发展。

(2) 树立全新的农村金融监管思想

因为我国农村金融发展的过程中经常出现一些特殊情况，农村金融监管体系需要根据实际情况适时转变，所以政府应该树立全新的农村金融监管思想。具体而言，全新的农村金融监管思想应该包括：第一，在合理的任务过程中，防范未知风险，加快监管思想的转变；第二，由全面控制的封闭型的垄断思想向全面开放的透明的思想转变，但应注意不能透露国家机密和商业机密，在信息公布之前必须获得国家机关和有关金融部门的认可；第三，将重点监管思想转化为全面监管思想，即无论是大事小事都应保持同一态度对待；第四，由随机监管思想转向制度监管思想，也就是说，金融监管体系不能对监管内容放松，要全面掌控金融市场的发展，以达到最佳的监管效果。

除了上述建议之外，政府还可以采取相关的宣传手段，来增强农村金融机构的自我控制意识和行业自律意识；还可以通过媒体及社会相关人士的监督，进一步强化对农村金融市场中金融机构的监管力度。

(二) 提高农村金融服务"三农"的效率

1. 加大农村金融发展的政策扶持力度

即使是我国金融信用贷款的利率处于最低水平，也仍有很多农民不能承受，因此政府需要强制性降低金融信用贷款的利率，并考虑到农业投入的性质和金融资本的安全性、流动性、收益性等特性，采用合理的政策手段来改变现有的制度，以增强农村金融市场的稳固性，改进农村金融体系中存在的不足。总体而言，借鉴国际上其他国家发展农村金融的经验可知，政府加大政策扶持力度的手段可以是制定强制的条约，要求部分农村金融机构开办优惠的农村储蓄业务，且这部分农村金融机构必须按照固定的利率为农民或乡镇企业提供信用贷款。具体而言，政府可以从以下三个方面着手，加大扶持力度。

(1) 地方政府拥有一定的金融调控权

在农村金融发展的过程中，中央政府应该给予地方政府一定的金融调控权，该调控权不仅能够保证在经济发生动荡时，政府能够制定出合理的政策来解决现有问题，还能够防止政府的短期干扰对农村金融市场造成的干扰过度的问题。总的来说，地方政府需要有一定的权限在一定的范围内对农村金融市场进行调控，以此保证农村金融市场的健康发展，同时为我国"三农"服务提供更多的便捷途径，维持农村金融和经济的稳定发展。

此外,地方政府可以利用财政政策对农村金融进行补偿,将扶持农业经济发展的补贴切实发放到农民手中,同时还要通过对农村金融的政策扶持和补贴来实现对农村金融的保护,发挥财政在农村金融市场中的杠杆作用,增强农民对未知风险的抵抗能力及自身的信用意识,为农村金融市场创造更好的信用环境,以此引导农村金融市场向着正确的方向发展。

(2) 建立农村金融补偿机制

在农村金融改革的过程中,由于我国经济体制的问题,很多资金都被投向城市,使得农村的经济发展较为落后,支持农业产业化发展的资金越来越少。对此,我国政府需要制定一系列有效的政策,引导更多资金流回农村,用于农村金融市场的发展及农村经济的发展;同时,政府还应该采取合理的政策来调整农村地区的贷款额度,调节贷款利率,切实落实我国的补贴政策,促进农村地区的金融发展。

(3) 执行更为灵活的货币政策,引导资金回流农村

通过一定的政策手段,可以保障我国农村资金应用到农村的经济发展中,保障农村储备资金的回流。基于此,政府可以采取各种金融工具对农村资金进行掌控和调节。考虑到调节的周期问题,政府可以制定一些金融优惠或者补贴政策,以期在调节的同时,缓解农村金融资金紧张的问题。

2. 进一步优化农村金融发展环境

任何事物的发展都会受到其所在环境的影响,要想使我国农村金融发展更加稳定,政府需要在树立良好的农民信用意识的同时,建设社会信用环境,通过社会信用环境的影响,使农村金融机构可以放心地对农民或者小型乡镇企业进行贷款投放,同时也保证了农村金融机构及农民的资产安全,使我国农村金融市场可以更加稳定发展。在建立社会信用环境的过程中,政府需要根据现实需要对各类情况进行严格把控,将工作落到实处,从而构建良好的信用体系和以信用担保为核心的信用环境。

总的来说，在农村金融改革的新时期，政府应该将有关于信用建设的工作重心放在以下几个方面。

(1) 加快我国总体信用体系的建设

要想加快我国总体信用体系的建设，政府应该从建设信用信息库、信息披露和失信惩戒等多方面入手，努力完善农村信用体系。具体而言，政府可以从以下几个方面入手：第一，政府应该建立我国企业和个人的信用档案，并通过相关部门对资料进行审核，对企业和个人进行信用评估，并定期将评估结果向社会公布，接受社会各方面、各层次的监督，以此来增强社会整体的诚信意识；第二，政府需要主导建立信用信息库，以及相应的农村金融机构间的信息共享和协调平台，降低银行诚信成本；第三，政府应该根据农民或企业所评定的信用等级发放贷款，以此来促进农村的信用环境和谐发展。

(2) 建立健全省—市—乡—街道四级信用担保体系

政府应该建立健全省—市—乡—街道四级信用担保体系，促进小型企业贷款担保体系及担保机构的形成，支持一些担保机构对小型企业发放贷款，同时引导并建立一些具有互助性质的担保公司，以此积极推行企业间互相担保的制度，解决小型企业贷款中因缺乏担保而导致的贷款难的问题。这样做不仅可以加强对借款人的约束，同时还可以保证提供贷款的农村金融机构的资金安全。

(3) 加强金融安全区的创建

在监督的过程中，政府应该将企业和个人的信用与其形象相结合，将人品、道德及法律等内容全部融入透明的监督体系，并引导群众和社会各个层面成为监督者，形成一种具有强制力的约束，从而使贷款对象养成自觉还款的意识，降低交易过程中的成本损耗。

(4) 严厉打击逃避金融债务的行为

对于逃避金融债务的行为，政府应该严格处理，追究到底，通过相关的条例和法律规定来保障企业或个人在金融市场交易中的资产安全。同时，政府还应该适当加大对诚信缺失、逃避债务等行为的处罚力度，树立即使提高处理成本也要处理好债务逃避问题的意识，为我国农村金融发展创立一个良好的信用环境。

(三) 努力提高农村投资效率

1. 增加农业生产投资补贴

随着"三农"问题的不断升级，我国各级政府对农业生产的补贴逐渐增加。这样做一方面稳定了农村地区的经济金融发展，另一方面加快了我国农业生产的脚步。就目前国内的农村经济发展情况来看，我国的农业补贴政策还有很大的提升空间，政府应该进一步对现有的农村环境进行优化，扩大农村经济需求，调整农村经济结构，转变农业发展方式。

2. 根据地域特点提高基础设施投资效率

研究表明，我国东部农村地区大多已经实现了现代农业的标准化，提高了农业生产技术的水平，完善了农村的公共服务体系，加大了农村村容村貌的整治力度；对于相对落后的我国中东部及西部地区而言，在进行农村基础设施投资时，政府应以当地农村实际的投资战略为基础，根据地域特点提高基础设施投资效率。

对于我国中部地区而言，政府应该根据该地区的特殊情况，提高水利工程的建设效率，同时，提高综合农业的生产能力，以此来提高当地人民的生产水平和生活水平。

对于我国西部地区而言，当地气候独特，因此政府应该将改革的初期重心放在提升当地人民的生活水平上，进而在保障人民温饱的情况下，发展当地的特色农业，提高农业生产水平，以此实现使该地区快速脱贫的目的。同时，政府还要加强对西部地区生态文明及文化方面的建设，积极将各种新技术及惠民政策引入西部地区，提高当地政府对各项政策的实施效率，进而提高当地人民的生活水平。

3. 提高农村劳动力素质

从经济发展的规律来看，要想使农村经济和金融得到快速发展，政府需要增强当地的经济建设，引入更多的先进生产技术。这就涉及了当地农村劳动力的素质问题，只有切实地提高当地农村劳动力的素质，才能进一步发挥生产技术的优势，从而进一步缩小城乡之间的差距。

4. 提高农村科研投资效率

我国作为世界上首屈一指的农业大国，在发展农业的过程中主要有三个手段：一是政策；二是科技；三是投入。其中，通过科技手段解决相关的问题是非常可行的，政府应该加大对农村急需的农业技术的研究力度，同时制定高效的协调沟通政策，实现科研活动效益的最大化。

总的来说，政府应该合理调控对农村地区的科研投资力度，不能将绝大部分的资源都放在对粮食等作物的研究上，而应将相关的生产技术及经济转变技术作为研究的重点，以此创造出新的农村经济发展机制，进一步提高农业生产的经济收益。此外，政府还应该根据农村的实际需求进行合理的资金投入，只有根据当地实际情况进行技术研究，才能切实解决当地发展所面临的各种问题，进而通过科研技术，进一步提高当地人民的生活水平。

（四）加快农村金融产品创新步伐

1. 信用共同体贷款

这种贷款方式具体流程为：农村金融机构对信用共同体成员进行考察后，在全部成员对该笔贷款进行担保的前提下，将贷款发放给贷款人，如果贷款没有及时归还或者出现讨债情况时，就需要所有的成员承担责任。这种贷款方式的好处是利用团体中成员之间的相互信任与每名成员的责任意识，合理地降低了个人借贷所产生的违约风险。这样一来，农村金融机构既可以提供更大金额的贷款满足农民的需求，也可以保证较高的还贷率，从而保证农村金融机构的利益不受损失。

2. 收费权质押贷款

这种贷款方式的关键在于质押，是指贷款人自身具有一定的收费权限，并以该收费权限作为抵押物向农村金融机构申请贷款。当贷款人不能履行债务时，农村金融机构有权依据合同的约定，以转让该收费权所得价款或直接获取收费款项保证自身利益不受损。

3. 股权质押贷款

这种贷款方式与收费权质押贷款方式类似，都是贷款人向农村金融机构抵押自身一定权利来获得贷款。不同的是，这种贷款方式是以借款人持有的公司股份或者责任公司股份为担保,向农村金融机构进行贷款申请。

4. 土地承包经营权抵押贷款

这种贷款方式主要是指贷款人具有土地承包经营权或依法获得了该土地的承包经营权,并以土地的经营权作为抵押向农村金融机构申请贷款。但是,就我国农村现状而言,由于有些地区的土地承包经营权仍未改革,这种贷款方式仍存在很多问题,不过,在土地承包经营权的改革遍及全国后,这种贷款方式可能会发挥巨大的作用。

5. 出口退税质押贷款

这种贷款方式主要是指出口企业以其享受的符合国家政策规定的出口退税应收款作为质押,向农村金融机构申请贷款,以解决企业在资金短缺或者前期经营困难的情况下所面临的贷款问题。

参考文献

[1]谌静.乡村振兴战略背景下的乡村旅游发展研究[M].北京:新华出版社,2019.

[2]冯学芳.乡村振兴战略背景下乡村旅游经济发展分析[J].商场现代化,2019(16):118-119.

[3]高小勇.乡村振兴战略下的乡村景观设计和旅游规划[M].北京:中国水利水电出版社,2019.

[4]郭秀娜.乡村旅游经济的发展与新农村建设研究[J].现代营销(下旬刊),2019(1):19-20.

[5]胡晓玲.中国旅游智库学术研究文库乡村振兴战略与乡村旅游研究[M].武汉:华中科技大学出版社,2019.

[6]江东芳,吴珂,孙小梅.乡村旅游发展与创新研究[M].北京:科学技术文献出版社,2019.

[7]陆超.读懂乡村振兴:战略与实践[M].上海:上海社会科学院出版社,2020.

[8]栾峰,孙逸洲.理想空间乡村振兴战略与规划建设实践[M].上海:同济大学出版社,2019.

[9]彭震伟.乡村振兴战略下的小城镇[M].上海:同济大学出版社,2019.

[10]齐钊霆.乡村旅游经济的发展与新农村建设研究[J].社会科学(全文版),2019(3):176.

[11]孙士银.乡村振兴战略背景下山东旅游扶贫研究[M].长春:吉林大学出版社,2020.

[12]王秋爽.试论我国乡村旅游经济发展的问题与解决对策[J].魅力中国,2019(5):97.

[13]王遂敏.新时期乡村振兴与乡村治理研究[M].北京:中国书籍出版社,2019.

[14]王伟彬,黄思敏,梁燕平,等.乡村旅游经济发展规划探析[J].旅游纵览(下半月),2019(7):149-150.

[15]王小艳.对乡村旅游经济发展的探索与思考[J].商场现代化,2019(20):181-182.

[16]王玉斌.中国乡村振兴理论与实践探索[M].北京:中国农业大学出版社,2019.

[17]肖凤良,唐元松,银锋.新时代乡村振兴战略[M].北京:光明日报出版社,2020.

[18]熊壮.乡村振兴战略背景下乡村旅游经济发展分析[J].当代旅游(下旬刊),2019(10):46-47.

[19]徐敏.新时代职业教育助推乡村振兴战略的服务体系及策略研究[M].北京:北京理工大学出版社,2020.

[20]杨彦峰.乡村旅游乡村振兴的路径与实践[M].北京:中国旅游出版社,2020.

[21]衣傲飞.智慧旅游环境下的乡村旅游经济发展新模式[J].消费导刊,2019(39):74.

[22]袁建伟,曾红,蔡彦.乡村振兴战略下的产业发展与机制创新研究[M].杭州:浙江工商大学出版社,2020.

[23]张红云.乡村旅游经济发展研究[J].经济视野,2019(4):61.

[24]张金岭,宋军令,王海.新乡建与乡村旅游[M].北京:中国旅游出版社,2019.

[25]张磊.全面建成小康社会推进乡村全面振兴[M].长春:吉林人民出版社,2020.

[26]周荣华,谭慧存,杨启智.乡村旅游促进乡村振兴成都农科村实践[M].北京:电子科技大学出版社,2019.

[27]朱乐敏,沙洁丽.我国乡村旅游经济发展的问题与对策[J].中国高新区,2019(4):5,7.